Claudia Daiber

Rezeptideen für Kinderfeste

- Süße und pikante Gerichte, die Kindern schmecken
- Einfache Dekorationsvorschläge und Spieletipps

AUGUSTUS

Inhalt

4 Tolle Tipps für Kinderfeste

4 Die Feste feiern, wie sie fallen
4 Alles beginnt mit der Einladung
5 Fantasievolle Dekoration mit einfachen Mitteln
6 Die Rezepte dieses Buchs
7 Spiele - das A und O
7 Organisation ist alles

8 Bunte Frühlingsfeste

10 **Holter, Polter, Zauberwald**
10 Minikrapfen
11 Süße Knallbonbons
12 Nudelsalat »Kunterbunt«
14 Pikante Zauberstäbe
15 Wunschpunsch
15 Marzipaneulen
16 Einladung zum Zauberwaldfest
16 Deko-Tipps
17 Spiele im Zauberwald

18 **Schatzsuche mit Käpt'n Hook**
18 Süße Schatzkarte
19 Melonenschiffe
20 Schatzbrötchen
21 Piratenrum
22 Räuberspieße
23 Einladung zur Schatzsuche
23 Deko-Tipps
23 Spiele zum Piratenfest

24 **Maikäfer, flieg**
24 Käfertorte
25 Waldmeisterbowle
25 Fladenbrotpizza
26 Radieschenmäuse
27 Einladung zum Maikäferfest
27 Deko-Tipps
27 Spiele zum Maikäferfest

28 Heiße Sommerfeste

30 **Tatzelwurm, komm tanz mit mir**
30 Süßer Tatzelwurm
30 Beerenschichtspeise
32 Frühlingszwiebeltarte
33 Tomaten mit Käsefüllung
34 Einladung zum Tatzelwurmfest
34 Deko-Tipps
35 Spiele zum Tatzelwurmfest

36 **Dschungelparty**
36 Tigertorte
38 Mohrenköpfe
38 Tropic-Flip
39 Gemüseknabberspaß
40 Hähnchensandwiches
41 Einladung zur Dschungelparty
41 Deko-Tipps
41 Spiele zur Dschungelparty

42 **Grillfest**
42 Birnen-Streusel-Kuchen
42 Bunter Fruchtsalat
43 Gefüllte Folienkartoffeln
44 Hähnchenkeulen
44 Bunter Kartoffelsalat
46 Grillfladen
47 Einladung zum Grillfest
47 Deko-Tipps
47 Spiele zum Grillfest

48 **Originelle Herbstfeste**

50 **Buntes Blätterfest**
50 Heidelbeermuffins
50 Apfel-Birnen-Saft
52 Baumbrot
53 Gegrillte Maiskolben
54 Einladung zum Blätterfest
54 Deko-Tipps
55 Spiele zum Blätterfest

56 **Kürbisgeisterfest**
56 Schoko-Nuss-Kuchen
57 Bananen-Kokos-Flip
58 Gefüllte Kalbsschnitzel
59 Zucchinischnitten
60 Kartoffel-Kürbis-Suppe
61 Einladung zum Kürbisgeisterfest
61 Deko-Tipps
61 Spiele zum Kürbisgeisterfest

62 **Drachenfest**
62 Süßer Drache
63 Heißer Pfirsich-Zitronen-Tee
64 Rotgrüne Drachensuppe
66 Gemüse mit Knusperkruste
67 Einladung zum Drachenfest
67 Deko-Tipps
67 Spiele zum Drachenfest

68 **Fröhliche Winterfeste**

70 **Schneeflöckchen, Weißröckchen**
70 Kokosmakronen
70 Orangencreme
72 Gemüsetortilla
72 Weißrote Schnitzel
74 Einladung zum Schneeflöckchenfest
74 Deko-Tipps
75 Spiele zum Schneeflöckchenfest

76 **Bald ist Nikolaus**
76 Lebkuchenstiefel
76 Schokotrunk mit Haube
78 Bratäpfel mit Vanillesauce
79 Pikanter Blechkuchen
80 Schnelle Käseschnecken
81 Einladung zum Nikolausfest
81 Deko-Tipps
81 Spiele zum Nikolausfest

82 **Ausgelassene Geburtstagsparty**

84 Rallyetorte
85 Traumcreme mit Mäusen
85 Bunter Eisclown
86 Barbietorte
88 Bunte Toastecken
90 Knusperwürstchen
91 Einladung zur Geburtstagsparty
91 Deko-Tipps
92 Spiele zur Geburtstagsparty

94 Impressum
94 Rezepteregister
95 Register für Deko, Einladungskarten und Spiele

Abkürzungen

EL	= Esslöffel	ml	= Milliliter
TL	= Teelöffel	cm	= Zentimeter
Msp.	= Messerspitze	Ø	= Durchmesser
kg	= Kilogramm	°C	= Grad Celsius
g	= Gramm	TK-	= Tiefkühl...
l	= Liter		

Tolle Tipps für Kinderfeste

Kinder feiern gerne Feste mit ihren Freunden aus Kindergarten oder Schule. Meist bleibt es jedoch beim obligatorischen Geburtstagsfest, und dann müssen sie sich wieder ein ganzes Jahr lang gedulden. Warum eigentlich?
Viele Eltern stehen offensichtlich der Aufgabe, ein Fest für Kinder zu organisieren, ziemlich hilflos gegenüber – wie sonst wäre es zu erklären, dass heute so viele Sprösslinge samt Freunden einfach für zwei Stunden der Obhut von Fastfood-Restaurants überlassen werden?
Dabei kann ein Fest mit Kindern lustig und bereichernd für alle Beteiligten sein – und muss bei richtiger Planung auch gar nicht so viel Arbeit machen.

Die Feste feiern, wie sie fallen

In diesem Buch finden Sie – nach Jahreszeiten und besonderen Anlässen geordnet – zahlreiche Vorschläge für Kinderfeste, die jeweils unter einem bestimmten Motto stehen. Für jedes Fest gibt es Rezeptvorschläge, Tipps für die Gestaltung der Einladungskarten und der Dekoration sowie eine Reihe von unterhaltsamen Spielen und Basteleien.
Da Kinderfeste meist am Nachmittag stattfinden, werden zuerst die süßen, dann die pikanten Rezepte genannt, und ab und zu finden Sie auch Vorschläge für ein besonderes Getränk.

Feiern, die garantiert gelingen

Kinder sind nicht anspruchsvoll in puncto Essen und Getränke. Sie brauchen keine kunstvollen Buttercremetorten oder üppigen Menüs, aber sie registrieren sehr wohl, ob etwas mit Liebe zubereitet wurde oder nicht. Kinder wollen ihren Spaß haben, mit den Freunden spielen und lustig sein – das ist die Hauptsache. Und: Kinder haben eine blühende Fantasie, die Sie für die Gestaltung eines gelungenen Festes nutzen können, etwa indem Sie die Kinder sich verkleiden lassen, denn daraus entwickeln sich häufig die schönsten Spiele. Nach der Hitze des Gefechts brauchen die Kinder meist nur noch etwas, um den Durst zu löschen und den Hunger zu stillen.

Alles beginnt mit der Einladung

Legen Sie den Termin für die Party möglichst früh fest, und basteln Sie dann – eventuell zusammen mit Ihrem Kind – die Einladungskarten, auf denen Sie Ort und Datum des Festes und das Motto vermerken. Ich empfehle Ihnen, einen relativ festen Zeitrahmen vorzugeben, also das Fest beispielsweise auf zwei oder drei Stunden zu begrenzen. Bei Kindern von drei oder vier Jahren sind zwei Stunden mehr als ausreichend. Danach sind die Kleinen müde und verlieren allmählich den Spaß. Mit zunehmendem Alter können Sie die Party auf drei Stunden ausdehnen. Findet das Fest während der Woche statt, denken Sie bitte daran, dass die Kleinen nach dem Kindergarten eine Verschnaufpause oder vielleicht sogar noch einen Mittagschlaf brauchen, während die Größeren zuvor noch ihre Hausaufgaben machen müssen. Vielleicht besprechen Sie Termin und Uhrzeit mit den Eltern der Kinder, die Sie eingeladen haben. Wenn Sie Ihr Fest im Freien planen, legen Sie unbedingt einen Ausweichtermin fest, falls das Wetter nicht mitspielen sollte.
Geben Sie auf der Einladung Adresse und Telefonnummer an und bitten Sie um Rückantwort. Für Ihre Planung müssen Sie schließlich wissen, wie viele Kinder kommen, denn danach richtet sich Ihre Einkaufsliste.

Fertig oder selbst gemacht?

Im Schreibwarenhandel gibt es fertige Einladungskarten mit vorgedruckten Texten zu kaufen. Wenn Ihnen das zu steril ist und Sie Ihrer Einladung lieber eine persönliche geben möchten, finden Sie in den einzelnen Kapiteln zahlreiche Vorschläge für selbst gemachte Karten. Ganz einfach lassen sich individuelle Einladungen aus neutralen Klappkarten gestalten, die es in verschiedenen Formaten und vielen Farben gibt. Man kann sie mit Fingerfarben bemalen – hier können schon die ganz Kleinen mithelfen –, mit Buntpapier oder einem Foto des einladenden Kindes bekleben oder auch zu Pop-up-Karten umgestalten.

Fantasievolle Dekoration mit einfachen Mitteln

Kinder lieben bunte und fantasievolle Dekorationen. In Schreib- und Spielwarengeschäften finden Sie ein reichhaltiges Angebot an bunten Girlanden, lustigen Luftballons und Lampions in verschiedenen Formen.
Darüber hinaus können Sie selbst mit einfachen Mitteln und ein wenig Geschick ausgefallene Dekorationen zaubern. Häufig genügen Tonpapier, Tonkarton, Wellpappe oder Krepppapier in verschiedenen Farben, aus denen Sie lustige Figuren oder andere Motive schneiden können. Mit Fingerfarben oder Kartoffelstempeln lassen sich außerdem bunte Bilder auf Papiertischdecken zaubern. Auch die Natur hält einiges an Dekorationsmaterial bereit, seien es Blumen, Gräser, Zweige, Früchte, Nüsse oder Blätter, und bei den Vorbereitungen sind die Kinder sicher mit Feuereifer bei der Sache. Trauen Sie Ihren Kindern ruhig etwas zu: Bereits Dreijährige können unter Ihrer Aufsicht und Anleitung einfache Bastelarbeiten verrichten – schließlich muss ja nicht alles super-perfekt sein! Und beim Suchen von Naturmaterialien wird der Sammeltrieb aktiviert: Wer findet wohl die schönsten Blätter, die meisten Kastanien?

Einladungskarten selbst zu basteln macht nicht nur Kindern Spaß! Diese Einladungskarte ist mit Keksbuchstaben beklebt. Mit der Post verschickt, würden sie leicht zerbrechen. Überreichen Sie diese Einladung daher besser persönlich.

Im Mittelpunkt: Der Tisch

Viel ist nicht nötig, um den Tisch für ein Kinderfest ansprechend zu gestalten: Ein paar bunte Smarties oder Fruchtgummiteilchen auf dem Tisch zwischen den Tellern verteilt – schon sieht er fröhlich und einladend aus, und die Kinder können immer wieder etwas naschen, was sie nur zu gerne tun!
Statt einer Tischdecke legen Sie am besten ein großes Stück Packpapier (von der Rolle) auf den Tisch und zu jedem Gedeck ein kleines Päckchen Buntstifte. Dann dürfen die Kinder während des Essens mit den Stiften auf die Decke malen – das macht einen Riesenspaß! Außerdem ist es bei Papiertischdecken nicht weiter schlimm, wenn ein Glas umkippt.

Kindgerechtes Geschirr

Es versteht sich von selbst, dass bei einem Kinderfest das teure Porzellan besser im Schrank bleibt. Nehmen Sie stattdessen stabiles Geschirr und standfeste Gläser oder – noch besser – Becher in verschiedenen Farben, damit die Kinder sie auseinander halten können. Wenn Sie zweierlei Getränke anbieten, beispielsweise Kakao zum Kuchen und später Mineralwasser gegen den Durst, sollten auch zwei Trinkgefäße bereit stehen.
Für kleinere Kinder ist ein spezielles Kinderbesteck ideal, Sie können statt normaler Gabeln aber auch Kuchengabeln oder Löffel bereit legen, mit denen die Kinder leichter essen können.

Die Rezepte dieses Buchs

Die Rezepte in diesem Buch sind in der Regel für sechs, manchmal auch für acht Kinder berechnet, und die meisten Zutaten sind in der jeweiligen Saison frisch erhältlich. Sie müssen natürlich nicht alle vorgeschlagenen Rezepte für ein Fest nachkochen oder -backen. Wählen Sie aus, was Ihnen am besten gefällt und was Sie zeitlich am ehesten realisieren können. Wenn Sie wenig Zeit haben, können Sie auch auf Fertigteige aus der Kühltheke oder Tiefkühltruhe zurückgreifen – mit ihnen lassen sich in kurzer Zeit und mit etwas Fantasie wunderbare süße und pikante Snacks zaubern. Auf den Umschlaginnenseiten dieses Buchs finden Sie dafür einige Blitzvorschläge.

So einfach wie möglich

Die Erfahrung hat gezeigt, dass Kinder komplizierte Kuchen oder Torten wenig schätzen. Ein einfacher Rührkuchen, der hübsch und bunt verziert wird, kommt dagegen immer an. Den Kuchen reichen Sie am besten zu Beginn des Festes, denn dann können die Kinder gestärkt zum Spieleteil übergehen. Nach den Spielen, kurz bevor die Kinder abgeholt werden, können Sie noch einen pikanten Snack servieren, der aber nicht unbedingt das Abendessen ersetzen muss. Er bietet eher eine willkommene Gelegenheit, die Kinder wieder zur Ruhe zu bringen.
Eine herrliche Erfrischung für zwischendurch ist ein Obst- oder Gemüseteller, von dem die Kinder immer wieder naschen können: Schneiden Sie verschiedene Früchte und Gemüse in mundgerechte Stücke und stecken Sie kleine Holz- oder bunte Cocktailspießchen hinein.

Trinken – aber richtig

In einigen Kapiteln finden Sie Rezeptvorschläge für Getränke, die aber nicht immer dazu geeignet sind, den Durst zu löschen. Stellen Sie – vor allem im Sommer – reichlich

Getränke bereit, die den Durst stillen – am besten Mineralwasser oder mit Mineralwasser gemischte Fruchtsäfte oder Früchtetees. Zuckerhaltige Limonaden sind zwar beliebt, aber nicht geeignet, das Durstgefühl zu nehmen! Auch auf koffeinhaltige Getränke sollten Sie besser verzichten, sonst bringen Sie die »Meute« anschließend überhaupt nicht mehr zur Ruhe!

Spiele - das A und O

Planen Sie den Nachmittag durch! Wenn Sie im Haus feiern, erstellen Sie möglichst schon vorher eine Liste der Spiele, die Sie gerne machen möchten. Berücksichtigen Sie bei der Auswahl das Bewegungsbedürfnis der Kinder. Wenn möglich, sollten die Spiele also nicht alle im Sitzen stattfinden. Auf Ihrer Liste notieren Sie am besten auch gleich, was Sie für die Spiele besorgen oder bereitstellen müssen. Planen Sie lieber zu viele Spiele als zu wenig, denn ein Kinderfest kann leicht im Chaos enden, wenn Ihnen das Programm ausgeht. Sollen die Aktivitäten im Freien stattfinden, brauchen Sie ein Ersatzprogramm für drinnen, falls es regnet oder schneit.
Noch ein Tipp: Halten es die Kinder nach einer Weile im Haus nicht mehr aus und geraten außer Rand und Band, tut eine Entspannung an der frischen Luft gut. Rüsten Sie sich mit einem Ball und Straßenkreiden aus – und die Situation ist gerettet.

Die richtige Musik

Alle Kinder lieben Musik. Je nach Alter sollte sie beschwingt bis fetzig sein, ohne die Kinder allzu sehr »aufzudrehen«. Im Handel gibt es CDs oder Kassetten mit Liedern, die zum Mitmachen animieren. Als Bewegungseinlage zwischen Sitzspielen macht das vor allem den Kleinen viel Spaß.

Zum Abschluss eine Geschichte

Wenn Sie feststellen, dass die Kinder müde sind, ist der richtige Zeitpunkt für eine spannende oder lustige Geschichte gekommen. Das beruhigt und ist nicht anstrengend. So findet auch eine lebhafte Party einen harmonischen Abschluss.

Wenn ein Kind weint

Vor allem kleine Kinder bekommen manchmal Heimweh nach der Mama. Versuchen Sie in diesem Fall, das Kind abzulenken. Trösten Sie es mit einem Kuscheltier und lesen Sie ihm eine Geschichte vor. Wenn es sich gar nicht beruhigen lässt, sollten Sie natürlich die Eltern verständigen. Fragen Sie also in jedem Fall, unter welcher Nummer die Eltern zu erreichen sind. Oft genügt es, wenn die Mutter oder der Vater vorbeikommen und ein bisschen dableiben – falls es die Zeit erlaubt.

Organisation ist alles

Bereiten Sie in den Tagen vor dem Fest möglichst viel vor: Machen Sie eine Einkaufsliste der Dinge, die Sie noch besorgen müssen, und basteln Sie die Dekorationen – vielleicht gemeinsam mit Ihrem Kind.
Am Tag vor dem Fest dekorieren Sie dann den Raum, backen den Kuchen und bereiten die Gerichte zu, die sich gut aufbewahren lassen. Legen Sie auch CDs, Bücher, Spielutensilien sowie Verkleidungs- und Schminksachen bereit. So gerüstet brauchen Sie am Festtag nur noch das vorzubereiten, was wirklich frisch auf dem Tisch kommen muss, und können so dem Fest entspannt entgegensehen!

Bunte Frühlingsfeste

Wenn mit lautem Faschingstreiben die unwirtlichen Wintergeister vertrieben werden, ist der Frühling nicht mehr weit. Feiern Sie mit den Kindern in den Frühling hinein. Tauchen Sie ein in die geheimnisvolle Welt des Zauberwaldes, gehen Sie auf Schatzsuche und versuchen Sie, die ersten Maikäfer zu fangen!

Enfants
Children
Enfants
Children

Holter, Polter, Zauberwald

Gelingt leicht

Minikrapfen

Für etwa 20 Stück

Für den Teig
- 500 g Mehl
- 1 Prise Zimt
- 1 Prise Salz
- 1 Würfel Hefe (42 g)
- 250 ml Milch
- 80 g Zucker
- 60 g Butter
- 1 Päckchen Vanillezucker
- 2 Eier

Für die Füllung
- Konfitüre, Vanillepudding, Apfelmus oder anderes Fruchtmus

Außerdem
- Mehl zum Ausrollen
- 750 g Fett zum Frittieren
- Puderzucker zum Bestäuben

Die süß gefüllten Minikrapfen (Bild Seite 8/9, hinten) sind beliebt bei Groß und Klein.

1. Mehl, Zimt und Salz in einer Schüssel vermischen und in die Mitte eine Mulde drücken. Die Hefe zerbröckeln und in die Mulde geben. Die Milch lauwarm erhitzen.

2. 1 Teelöffel Zucker über die Hefe streuen. Die Hefe mit wenig Milch und etwas Mehl zu einem Vorteig verrühren. Die Schüssel mit einem Tuch bedecken und den Vorteig an einem warmen Ort etwa 15 Minuten gehen lassen.

3. Die Butter zerlassen und zusammen mit der restlichen Milch, dem Vanillezucker und den Eiern zum Vorteig geben. Alles zu einem geschmeidigen Teig verkneten und den Teig zugedeckt an einem warmen Ort etwa 45 Minuten gehen lassen.

4. Den Teig auf einer leicht bemehlten Arbeitsfläche etwa 3 cm dick ausrollen. Mit einem Glas oder einer runden Form Krapfen von etwa 4 cm Ø ausstechen. Die Krapfen auf ein bemehltes Brett legen und zugedeckt weitere 15 Minuten gehen lassen.

5. Das Fett in der Fritteuse erhitzen und die Krapfen darin bei mittlerer Hitze portionsweise in etwa 4 Minuten ausbacken. Die Krapfen mit einem Schaumlöffel herausheben und auf Küchenpapier abtropfen lassen.

6. Für die Füllung die Konfitüre, den Pudding oder das Fruchtmus glatt rühren und in eine Gebäckspritze füllen. Die Krapfen damit seitlich einstechen und etwas von der Füllung hineinspritzen. Die Krapfen mit Puderzucker bestäuben.

Arbeitszeit:
ca. 20 Minuten
Ruhezeit:
ca. 1 Stunde 15 Minuten
Backzeit:
ca. 20 Minuten

Geht schnell

Süße Knallbonbons

Für 6 Stück

- 3 Platten TK-Blätterteig
- ½ TL Zimt
- 2 TL Zucker
- 1 Ei
- 1 EL Milch
- 2 EL gehackte Mandeln

Außerdem
- 6 kleine Überraschungen aus Holz (z. B. Spielewürfel oder -figuren)
- Pergamentpapier zum Einwickeln
- Mehl zum Ausrollen
- Backpapier für das Blech

1. Den Blätterteig auftauen lassen. Die Holzfiguren einzeln in Pergamentpapier einwickeln. Den Backofen auf 200 °C (Gas Stufe 3–4, Umluft 180 °C) vorheizen.

2. Die Blätterteigplatten auf wenig Mehl rechteckig ausrollen und die Teigstücke halbieren. Zimt und Zucker mischen und die Teigstücke damit bestreuen. Je eine Überraschung auf ein Teigstück legen.

3. Das Ei trennen. Die Teigränder mit dem Eiweiß bestreichen und den Teig aufrollen. Die Enden wie bei einem Bonbon fest zusammendrücken.

4. Ein Backblech mit Backpapier auslegen und die Teigstücke mit der Naht nach unten darauf legen.

5. Das Eigelb mit der Milch verquirlen. Die Teigstücke damit bestreichen und mit den gehackten Mandeln bestreuen. Die Knallbonbons im Backofen etwa 15 Minuten backen, herausnehmen und abkühlen lassen.

Arbeitszeit:
ca. 20 Minuten
Backzeit:
ca. 15 Minuten

Varianten
- Sie können die Knallbonbons wahlweise mit jeweils 1 bis 2 Schokoladenstückchen, 1 Schokopraline oder 1 halbierten Schokoriegel füllen.
- Auch eine Füllung aus gehackten Haselnüssen, vermischt mit eingeweichten Rosinen, Marzipan und Rosenwasser schmeckt köstlich.

Eine witzige Überraschung sind die mit kleinem Spielzeug gefüllten Süßen Knallbonbons (Bild Seite 8/9, vorne).

Tipp

Sie sollten nur ungefärbte Überraschungen, die der Backhitze standhalten, in die Knallbonbons wickeln.

Gut vorzubereiten

Nudelsalat »Kunterbunt«

Für 6 Portionen

- 3 Möhren
- Salz
- 200 g Schmetterlingsnudeln (Farfalle)
- 2 gekochte Kartoffeln vom Vortag
- 150 g TK-Erbsen
- je 1 gelbe und rote Paprikaschote
- 4 EL Weißweinessig
- Pfeffer
- 2 frische Eigelbe
- 2 EL Zitronensaft
- 150 ml Sonnenblumenöl

Nudelsalat schmeckt Kindern noch mal so gut, wenn er so farbenfroh ist wie Nudelsalat »Kunterbunt« (Bild rechts).

1. Die Möhren waschen und putzen oder schälen und in kleine Würfel schneiden. Das Gemüse in wenig Wasser in etwa 5 Minuten bissfest garen.

2. Inzwischen in einem zweiten Topf 2 Liter Salzwasser zum Kochen bringen. Die Nudeln darin nach Packungsanweisung in etwa 8 Minuten bissfest garen, abgießen und abkühlen lassen.

3. Die Kartoffeln schälen und in kleine Würfel schneiden. Die Erbsen auftauen lassen.

4. Die Paprikaschoten waschen, putzen und in sehr kleine Würfel schneiden. Nudeln, Paprika, Möhren, Kartoffeln und Erbsen in einer Schüssel mit dem Essig mischen. Das Gemüse mit Salz und Pfeffer würzen und zugedeckt beiseite stellen.

5. Die Eigelbe im Mixer mit 1 Esslöffel Zitronensaft aufschlagen. Das Öl zuerst tropfenweise, dann in einem dünnen Strahl zufügen und alles so lange rühren, bis eine cremige Mayonnaise entstanden ist.

6. Die Mayonnaise mit Salz, Pfeffer und dem restlichen Zitronensaft abschmecken und mit dem Nudelsalat mischen. Den Salat zugedeckt im Kühlschrank etwa 30 Minuten ziehen lassen.

Arbeitszeit:
ca. 40 Minuten
Zeit zum Ziehen:
ca. 30 Minuten

Variante

Blitzschnell zubereitet ist der Nudelsalat mit tiefgekühlten Suppengemüsewürfeln und fertiger Mayonnaise oder Salatcreme: 400 Gramm Suppengemüsewürfel in reichlich kochendem Salzwasser 3 bis 5 Minuten garen, kalt abschrecken und abtropfen lassen. Das Gemüse mit den gekochten Nudeln und den Kartoffelwürfeln mischen, mit Mayonnaise oder Salatcreme anmachen, mit Salz und Pfeffer abschmecken und im Kühlschrank ziehen lassen.

Tipp

Für die Mayonnaise sollten Sie nur ganz frische Eigelbe verwenden und den Salat noch am selben Tag essen.

Gelingt leicht

Pikante Zauberstäbe

Für 6 Portionen

- 1 Brötchen vom Vortag
- 1 Zwiebel
- 1 Bund Petersilie
- 2 EL Öl
- 400 g Hähnchenbrustfilets
- 1 Ei
- 2 EL Pinienkerne
- Salz
- Pfeffer
- 2 EL Butterschmalz

1. Das Brötchen in Würfel schneiden, mit etwa 125 Milliliter lauwarmem Wasser übergießen und quellen lassen.

2. Die Zwiebel schälen, halbieren und sehr fein hacken. Die Petersilie waschen, trockenschwenken und fein hacken.

3. Das Öl in einer beschichteten Pfanne erhitzen und Zwiebel und Petersilie darin bei schwacher Hitze braten, bis die Zwiebel glasig ist.

4. Die Hähnchenbrustfilets kalt abspülen, trockentupfen und Haut und Fett entfernen. Die Filets durch die feine Scheibe des Fleischwolfs drehen oder mit einem scharfen Messer sehr fein hacken.

5. Das Brötchen gut ausdrücken. Das Fleisch mit Brötchen, Zwiebel, Petersilie, Ei und Pinienkernen mischen und mit Salz und Pfeffer würzen.

6. Aus der Masse mit feuchten Händen längliche Frikadellen formen. Das Butterschmalz in der Pfanne erhitzen und die Frikadellen darin bei mittlerer Hitze von jeder Seite etwa 5 Minuten braten.

Zubereitungszeit:
ca. 40 Minuten

Geht schnell

Wunschpunsch

Für 6–8 Portionen

- 2 unbehandelte Orangen
- 1 l Orangensaft
- 1 l Apfelsaft
- ½ Zimtstange
- 1 Gewürznelke
- 2–3 EL Honig

Außerdem

- Zitronenmelisseblättchen zum Garnieren

1. Die Orangen heiß abwaschen, trockenreiben und die Schale in dünnen Spiralen abschälen. Von den Orangen die weiße Haut entfernen. Die Fruchtfilets mit einem scharfen Messer aus den Häuten schneiden und den Saft dabei auffangen.

2. Den aufgefangenen Saft, Orangen- und Apfelsaft, Zimtstange, Gewürznelke und Orangenschalen erhitzen, aber nicht kochen. Zimtstange und Nelke wieder entfernen.

3. Den Punsch nach Belieben mit Honig süßen und in ein Bowlegefäß oder einen hitzebeständigen Krug füllen. Die Orangenschnitze hinzufügen. Den Punsch mit Zitronenmelisseblättchen garnieren und servieren.

Zubereitungszeit:
ca. 20 Minuten

Gut vorzubereiten

Marzipaneulen

Für 6 Stück

- 200 g Marzipanrohmasse
- 100 g Puderzucker
- braune Lebensmittelfarbe
- Liebesperlen oder Minismarties

1. Die Marzipanrohmasse mit dem Puderzucker verkneten und nach Belieben mit Speisefarbe braun einfärben (»Schneeeulen« können weiß bleiben).

2. Aus der Masse 6 kleine Eulen formen. Liebesperlen oder Smarties als Augen eindrücken und für jedes Kind eine Eule als Tischdekoration aufstellen.

Zubereitungszeit:
ca. 45 Minuten

Variante

Je nach Motto Ihres Festes können Sie aus Marzipan auch andere – möglichst einfache – Figuren formen.

Einladung zum Zauberwaldfest

Tannenbäume

Schneiden Sie aus grüner Wellpappe oder aus grünem Fotokarton Tannenbäume aus. Das geht besonders einfach, wenn Sie vorher eine Schablone herstellen: Einen Bogen Papier zur Hälfte falten. Von der Falzkante aus einen halben Tannenbaum auf das Papier zeichnen und ausschneiden.
Den Karton ebenfalls falten. Die Schablone darauf legen und den Baum ausschneiden.
Die Bäume auf der Innenseite mit goldenem oder silbernem Stift beschriften und in passenden Kuverts verschicken.
Auch Hexenhäuschen oder schwarze Raben sind originelle Motive für die Einladungskarten zum Zauberwaldfest.

Bunte Tiermasken

Etwas mehr Arbeit machen aus Tonpapier ausgeschnittene und bemalte Tiermasken, die als Einladungen verschickt (ausreichend große Kuverts besorgen!) und zur Party mitgebracht werden. Solche Masken können von den Kindern auch während des Festes gebastelt werden (eventuell müssen Sie dann ein bisschen Vorarbeit leisten oder den Kindern dabei etwas behilflich sein).

Deko-Tipps

Bunte Paradiesvögel

Schneiden Sie Bäume aus Tonkarton in verschiedenen Grüntönen und Größen aus und dekorieren Sie damit Vorhänge und Tische, und/oder lassen Sie die Bäume von der Decke hängen. Besonders dekorativ wirken die Bäume, wenn Sie lange Girlanden aus grünem Krepppapier oder bunte Paradiesvögel aus Tonpapier (mit einer Schablone geht das Ausschneiden schnell!) dazwischen hängen, denen Sie bunte Schwänze aus Krepppapier ankleben.

Rollenschlangen

Etwas aufwendiger ist es, wenn Sie leere Klopapier- oder in Teile geschnittene Küchenpapierrollen grün oder gelb anmalen und zu Schlangen zusammenbinden. Der Kopf bekommt eine rote gespaltene Zunge und dunkle Augen, am anderen Ende der Schlange wird ein Schwanz angebracht.

Konfettiballons

Füllen Sie bunte Luftballons mit Konfetti und hängen Sie die Ballons auf. Am Ende des Festes dürfen die Kinder die Luftballons zerplatzen lassen, so dass das Konfetti auf sie herabregnet.

Spiele im Zauberwald

Tierzauber (3-5 Jahre)

Ein Kind ist der Zauberer, der die anderen Kinder in verschiedene Tiere verzaubert, z. B. in Maus, Hund, Kuh, Pferd, Schaf, Katze. Der Zauberer ruft nun beispielsweise »Maus« und die Maus muss sofort durch Fiepen Antwort geben. Dann ruft die Maus ein anderes Tier auf, etwa »Kuh«. Die Kuh antwortet sofort mit »Muh« und ruft jetzt ihrerseits ein Tier auf. Wer nicht sofort passend zu seinem Tiernamen antwortet, muss ausscheiden oder ein Pfand geben. Das Pfand kann später durch die Erfüllung einer lustigen Aufgabe wieder ausgelöst werden.

Stille Post (7-8 Jahre)

Die Kinder stellen sich in einer Reihe hintereinander auf. Das letzte Kind schreibt seinem Vordermann mit dem Zeigefinger ein Wort auf den Rücken und dieser schreibt es wiederum dem nächsten Kind auf den Rücken. So geht es weiter, bis das Wort beim Ersten in der Reihe angekommen ist, der das Wort laut ausspricht. Ob es dasjenige ist, das zuerst aufgeschrieben wurde?

Drei Fragen hinter der Tür (4-8 Jahre)

Um ein gegebenes Pfand wieder auszulösen, eignet sich das folgende Spiel: Der Besitzer des Pfandes wird vor die Tür geschickt. In seiner Abwesenheit werden nun drei Fragen verabredet. Stehen die Fragen fest, darf der Pfandbesitzer wieder hereinkommen. Er wird gefragt: »Erste Frage: ja oder nein?« Er muss antworten, ohne den Inhalt der Frage zu kennen. Erst nachdem er alle drei Fragen beantwortet hat, erfährt er, was seine Antwort bedeutet hat.

Wo ist Schneewittchen? (4-6 Jahre)

Von den Kindern darf eines Schneewittchen sein. Die anderen sind die Zwerge (es müssen nicht unbedingt sieben sein). Den Zwergen werden die Augen verbunden. Sie müssen nun versuchen, Schneewittchen zu finden. Wenn sie an ein Kind anstoßen, fragen sie: Bist du Schneewittchen? Die Zwerge dürfen antworten, Schneewittchen aber nicht. Erhält ein Kind auf seine Frage keine Antwort, hat es Schneewittchen entdeckt. Es darf Schneewittchen bei der Hand nehmen und mit ihm weiterwandern, bis alle Zwerge eine Kette bilden.

Schatzsuche mit Käpt'n Hook

Braucht etwas Zeit

Süße Schatzkarte

Für etwa 16 Stücke

Für den Teig
- 300 g Butter
- 300 g Zartbitterschokolade
- 1 unbehandelte Zitrone
- 8 große Eier
- 250 g Zucker
- 1 Päckchen Vanillezucker
- 300 g gemahlene Mandeln
- 2 TL Zimt
- 200 g Mehl
- 2 TL Backpulver
- 1 Prise Salz

Für die Garnierung
- 200 g Marzipanrohmasse
- 100 g Puderzucker
- rote, grüne, blaue und braune Lebensmittelfarbe
- bunter Hagelzucker
- Smarties
- Spielzeugpirat und -dukaten

Für den Guss
- 250 g Puderzucker
- 2–3 EL Zitronensaft
- Lebensmittelfarbe nach Wahl

Außerdem
- Fett für die Form
- Papier für die Schatzkarte
- Puderzucker zum Ausrollen
- Folie zum Ausrollen

Begeistert immer: die Süße Schatzkarte (Bild rechts).

1. Die Butter bei schwacher Hitze schmelzen und abkühlen lassen. Eine ofenfeste Form von 26 × 38 cm einfetten und den Backofen auf 180 °C (Gas Stufe 2–3, Umluft 160 °C) vorheizen.

2. Die Schokolade fein reiben. Die Zitrone heiß waschen, abtrocknen und die Schale fein abreiben. Die Eier trennen.

3. Eigelbe, Zucker und Vanillezucker schaumig rühren. Die Butter zugeben und alles so lange rühren, bis eine helle, cremige Masse entstanden ist. Mandeln, Zimt, Schokolade und Zitronenschale zufügen und unterrühren.

4. Mehl und Backpulver mischen und nach und nach unterrühren. Die Eiweiße mit dem Salz zu steifem Schnee schlagen. Zwei Drittel des Eischnees unter den Teig rühren, den Rest vorsichtig unterheben. Den Teig in der Form verteilen und glatt streichen. Den Kuchen im Backofen etwa 1 Stunde backen.

5. In der Zwischenzeit für die Schatzkarte die Marzipanrohmasse mit dem Puderzucker verkneten. Auf Papier eine Kartenskizze anfertigen. Die Marzipanmasse entsprechend der Skizze aufteilen und jeweils mit der passenden Lebensmittelfarbe einfärben.

6. Die Marzipanmasse nach Farben getrennt zwischen zwei mit Puderzucker bestäubten Lagen Klarsichtfolie ausrollen und daraus entsprechend der Skizze mit einem scharfen Messer Berge, Bäume, Seen etc. ausschneiden.

7. Den Kuchen aus dem Backofen nehmen und abkühlen lassen. Den Puderzucker mit dem Zitronensaft und der Lebensmittelfarbe verrühren. Den Kuchen aus der Form lösen und mit dem Zuckerguss überziehen. Die Schatzkartenteile darauf legen. Die Karte nach Belieben mit buntem Hagelzucker, Smarties, Spielzeugpirat und -dukaten dekorieren.

Arbeitszeit:
ca. 2 Stunden
Backzeit:
ca. 1 Stunde

Geht schnell

Melonenschiffe

Für 8 Portionen

- 1 Honigmelone
- 4 kleine Kugeln Mozzarella
- 4 Kirschtomaten
- 8 Basilikumblätter
- 8 hauchdünne Scheiben magerer luftgetrockneter Schinken

Außerdem
- 8 Schaschlik-Holzspieße

1. Die Melone halbieren und mit einem Löffel die Kerne entfernen. Die Melonenhälften jeweils in 4 Spalten teilen. Die Schale abschneiden und die Fruchtfleischspalten wieder darauf setzen.

2. Die Mozzarellakugeln abgießen und halbieren. Die Tomaten waschen, trocknen und ebenfalls halbieren. Die Basilikumblätter waschen und trockentupfen.

3. Auf jeden Holzspieß 1 Mozzarella- und 1 Tomatenhälfte spießen. Die Schinkenscheiben jeweils an den kurzen Enden aufspießen, so dass sie aussehen wie vom Wind geblähte Segel. Die Basilikumblätter als Wimpel darauf stecken.

4. Die Spieße mit dem Mozzarella nach unten in die Melonenschiffchen stecken und die Schiffchen dekorativ auf einer Platte anordnen.

Zubereitungszeit:
ca. 15 Minuten

Gelingt leicht

Schatzbrötchen

Für 8 Stück

- 300 g Weizenmehl mit Keimen
- ½ TL Salz
- ½ Würfel Hefe (21 g)
- 100 g Naturjoghurt (zimmerwarm)
- 2 EL Olivenöl

Außerdem
- Pergamentpapier
- 1 Geldstück
- Backpapier für das Blech
- Mehl für die Arbeitsfläche
- nach Belieben Mohn, Sesam und Sonnenblumenkerne zum Bestreuen

Das hält kleine Schatzsucher bei Laune: eine Stärkung mit knusprigen Schatzbrötchen (Bild rechts).

1. Das Mehl mit dem Salz mischen. In die Mitte eine Mulde drücken und die Hefe hineinbröckeln. 75 Milliliter lauwarmes Wasser zufügen und die Hefe mit etwas Mehl und dem Wasser zu einem Vorteig verrühren. Den Vorteig zugedeckt an einem warmen Ort etwa 15 Minuten gehen lassen.

2. Joghurt und Öl mischen und zum Mehl geben. Alles mit den Händen oder den Knethaken des Handrührgerätes zu einem glatten Teig verkneten. Den Teig zugedeckt an einem warmen Ort etwa 45 Minuten gehen lassen, bis sich sein Volumen etwa verdoppelt hat.

3. In der Zwischenzeit das Pergamentpapier in kleine Streifen schneiden und Nachrichten darauf schreiben, etwa »Geh auf den Speicher und sieh hinter dem braunen Schrank nach« (Sie haben dort eine Kleinigkeit versteckt). Die Zettelchen zusammenfalten. Die Münze in Pergamentpapier einwickeln.

4. Den Backofen auf 200 °C (Gas Stufe 3–4, Umluft 180 °C) vorheizen und ein Backblech mit Backpapier auslegen. Den Teig auf wenig Mehl nochmals kräftig durchkneten und in 8 gleich große Portionen teilen. Jede Portion zu einer Kugel rollen und jeweils einen Pergamentzettel hineinstecken. In einem Teigstück das Geldstück verstecken.

5. Die Brötchen auf das Backblech legen. Mit einem scharfen Messer kreuzweise einritzen, mit etwas Wasser bestreichen und nach Belieben mit Mohn, Sesam oder Sonnenblumenkernen bestreuen. Die Brötchen im Backofen etwa 30 Minuten backen.

Arbeitszeit:
ca. 40 Minuten
Ruhezeit:
1 Stunde
Backzeit:
ca. 30 Minuten

Variante
Statt der Zettel bzw. der Münze können Sie auch Mozzarella- und Tomatenwürfel in den Brötchen verstecken.

Gut vorzubereiten

Piratenrum

Für 6–8 Portionen

- 8 Beutel Früchtetee mit Erdbeergeschmack
- 1 Beutel Pfefferminztee
- einige Zitronenmelisse- oder Pfefferminzblättchen
- 250 ml Erdbeersaft
- 2–3 EL Honig oder Zucker

1. Die Teebeutel mit 2 Liter kochendem Wasser übergießen und etwa 10 Minuten ziehen lassen.

2. Die Melisseblättchen waschen und trockentupfen. Je 1 Blättchen in ein Kästchen eines Eiswürfelbereiters legen, etwas Erdbeersaft darüber gießen und den Saft in etwa 4 Stunden tiefgefrieren.

3. Den Früchtetee nach Belieben mit Honig oder Zucker süßen und zugedeckt in den Kühlschrank stellen. Zum Servieren in jedes Glas 1 bis 2 Erdbeereiswürfel geben und den Früchtetee darüber gießen.

Arbeitszeit:
ca. 20 Minuten
Gefrierzeit:
ca. 4 Stunden

Gut vorzubereiten

Räuberspieße

Für 6 Portionen

- 1 kleiner Zucchino
- 12 Kirschtomaten
- 12 Champignons
- 1 EL Zitronensaft
- 3 Wiener Würstchen
- Salz
- Pfeffer
- 3 EL Olivenöl

Außerdem
- 12 Schaschlik-Holzspieße

1. Den Zucchino waschen, putzen und in etwa 1 cm dicke Scheiben schneiden. Die Tomaten waschen, trocknen und halbieren. Die Champignons putzen und ebenfalls halbieren. Die Pilze mit Zitronensaft beträufeln.

2. Die Würstchen in etwa 2 cm dicke Scheiben schneiden und die Scheiben abwechselnd mit den Zucchinischeiben und den Tomaten- und Pilzhälften auf die Spieße stecken. Die Spieße mit Salz und Pfeffer würzen.

3. Das Öl in einer großen beschichteten Pfanne erhitzen. Die Spieße darin von allen Seiten bei mittlerer Hitze etwa 15 Minuten braten, bis sie gebräunt sind.

Zubereitungszeit: ca. 30 Minuten

Varianten
Die Würstchen können Sie auch durch Putenfleischwürfel ersetzen, und statt Kirschtomaten und Zucchino schmecken auch Paprika- oder Auberginenstücke.

Tipp

Die Spieße eignen sich auch gut zum Grillen, doch sollten Sie dann statt der Holzspieße Metallspieße nehmen und darauf achten, dass sich die Kinder nicht die Finger verbrennen, wenn sie die Spieße anfassen. Zum Grillen die Spieße mit Öl bestreichen, auf eine Grillschale legen und unter dem Elektrogrill oder über Holzkohleglut unter häufigem Wenden etwa 15 Minuten grillen.

Einladung zur Schatzsuche

Piratenkarten

Wenn Sie zeichnerisches Talent haben, wären Einladungskarten mit Piratenkopf bzw. Piratenbraut schön. Einfacher, aber genauso wirkungsvoll sind Schatztruhen oder Piratenschiffe, die Sie auf Karten malen.
Für eine Einladungsschatzkarte brauchen Sie Pergamentpapier, Kordel und Siegellack. Skizzieren Sie auf der Innenseite, wie man zu Ihrem Haus oder Ihrer Wohnung kommt, und notieren Sie den Zeitpunkt des »geheimen« Treffens. Versiegeln Sie die Karte stilecht mit Siegellack und binden Sie eine Kordel darum.

Deko-Tipps

Piratenwelt

Dekorieren Sie den Raum mit Schiffen aus buntem Tonkarton, mit Kanonenkugeln aus bemaltem Styropor und selbst gebastelten Piratenwimpeln oder -flaggen.

Inselstimmung

Wenn die Kinder zu Schatzsuchern werden, passt auch eine dekorierte Inselwelt. Legen Sie die Fenstersimse und/oder den Esstisch mit buntem Papier aus, und streuen Sie Sand darauf (es gibt auch bunten, künstlichen Sand zu kaufen). Das Ganze können Sie mit künstlichen Muscheln, Seesternen und Fischen verzieren. Sicher haben Sie eine große Kiste, die Sie, mit Tüchern ausgelegt und beispielsweise mit Modeschmuck gefüllt, in eine Ecke stellen können. Darüber hängen Sie ein Fischernetz auf.

Spiele zum Piratenfest

Schatzsuche (3-5 Jahre)

Vor Beginn des Festes verstecken Sie für jedes Kind einen kleinen Schatz, der mit einem Symbol gekennzeichnet ist (z. B. Kleeblatt, Apfel, Herz etc.). Jedem Kind wird jeweils eines dieser Symbole zugeordnet, das es auf seinem Platz am Tisch findet.
Bevor die Schatzsuche beginnt, dürfen sich die Kinder verkleiden. Wer mag, kann sich auch schminken.
Symbole mit einem Richtungspfeil zeigen den Kindern nun den Weg zu ihrem Schatz.

Schiffe versenken (7-8 Jahre)

Jedes Kind bekommt ein Blatt kariertes Papier. Darauf zeichnet es ein Quadrat von 10 × 10 cm. Jedes Kästchen wird horizontal nummeriert und vertikal mit Buchstaben versehen. In dem Quadrat muss jedes Kind, ohne dass die anderen dabei zusehen können, folgende Schiffe platzieren: 1 Flugzeugträger = 4 Kästchen, 2 Kreuzer = je drei Kästchen, 3 Torpedoboote = je 2 Kästchen, 4 U-Boote = je 1 Kästchen. Die Boote dürfen nur senkrecht oder waagerecht eingezeichnet werden und dürfen sich gegenseitig auch nicht berühren.
Je zwei Spieler setzen sich einander gegenüber und halten ihr Blatt verdeckt. Einer nennt ein Planquadrat, z. B. B4. Der Gegenspieler gibt an, ob ein Schiff getroffen bzw. abgeschossen wurde, oder ob der Schuss im Wasser gelandet ist. Der andere Spieler macht sich an dieser Stelle ein Kreuz für einen Treffer und einen Punkt für Wasser, damit er weiß, wohin er geschossen hat. Jetzt darf der Gegenspieler nach einem Planquadrat fragen, und so geht es abwechselnd weiter. Wer zuerst alle Schiffe des Gegners versenkt hat, ist Sieger.

Maikäfer, flieg

Gut vorzubereiten

Käfertorte

Für etwa 8 Stücke

- 200 g Zartbitterschokolade
- 200 g Sahne
- 1 dunkler Wiener Biskuitboden (3-fach)
- 100 g Aprikosenfruchtaufstrich
- 200 g Marzipanrohmasse
- 100 g Puderzucker
- braune Lebensmittelfarbe

Außerdem
- festes Papier für die Schablonen
- Puderzucker zum Ausrollen
- Frischhaltefolie zum Ausrollen
- Zartbitterkuvertüre nach Belieben
- 2 runde Schokoplätzchen
- 2 Lakritzstangen

1. Die Schokolade zerkleinern und zusammen mit der Sahne langsam erhitzen, bis sie geschmolzen ist. Die Schokosahne abkühlen lassen und etwa 3 Stunden in den Kühlschrank stellen.

2. Inzwischen auf Papier einen Kreis in Größe der Tortenböden markieren. In den Kreis den Körper eines Käfers einzeichnen (ohne Flügel) und den Käfer ausschneiden. Die Schablone nacheinander auf die Tortenböden legen und jeweils mit einem scharfen, glatten Messer einen Käfer ausschneiden.

3. Die Schokosahne steif schlagen und einen der ausgeschnittenen Tortenböden mit einem Drittel davon bestreichen. Den zweiten Boden darauf setzen, mit Aprikosenfruchtaufstrich bestreichen und den dritten Boden darauf legen. Den Käfer rundherum mit der restlichen Schokosahne bestreichen und kalt stellen.

4. Für die Flügel aus festem Papier Schablonen ausschneiden. Das Marzipan mit dem Puderzucker verkneten und mit Lebensmittelfarbe hellbraun färben. Das Marzipan zwischen zwei mit Puderzucker bestäubten Lagen Frischhaltefolie nicht zu dünn ausrollen. Die Schablonen auflegen und die Flügel mit einem scharfen Messer ausschneiden.

5. Die Flügel auf dem Käfer befestigen und nach Belieben mit flüssiger Kuvertüre verzieren. Die Schokoplätzchen als Augen aufkleben und die Lakritzstücke als Fühler in den Kopf stecken. Die Torte bis zum Servieren kalt stellen.

Arbeitszeit:
ca. 1 Stunde
Kühlzeit:
ca. 3 Stunden

Gut vorzubereiten

Waldmeisterbowle

Für 8 Portionen

- 16 Gummikäfer oder -tiere
- 2 l Mineralwasser
- 100 ml Waldmeistersirup
- 4 EL Orangensirup

1. Die Gummikäfer in einen Eiswürfelbereiter legen, mit Wasser auffüllen und in etwa 4 Stunden tiefgefrieren.

2. Mineralwasser und Sirup in einem Krug mischen. Zum Servieren je 2 Eiswürfel in acht Longdrinkgläser geben und mit der Bowle auffüllen.

Arbeitszeit:
ca. 10 Minuten
Gefrierzeit:
ca. 4 Stunden

Geht schnell

Fladenbrotpizza

Für 16 Stücke

- 3 Bund Frühlingszwiebeln
- 1 Knoblauchzehe
- 2 EL Öl
- 800 g Pizzatomaten (aus der Dose)
- Salz
- Pfeffer
- 250 g Mozzarella
- 1 großes Pitabrot
- 150 g Champignons

Außerdem
- Backpapier für das Blech

1. Die Frühlingszwiebeln waschen, putzen und in feine Ringe schneiden. Den Knoblauch schälen und durch die Knoblauchpresse drücken. Das Öl erhitzen und Frühlingszwiebeln und Knoblauch darin etwa 5 Minuten dünsten. Die Tomaten mit Salz und Pfeffer würzen. Den Mozzarella abgießen und würfeln.

2. Den Backofen auf 220 °C (Gas Stufe 4–5, Umluft 200 °C) vorheizen und ein Backblech mit Backpapier auslegen. Das Pitabrot quer halbieren und die Hälften mit der Schnittfläche nach oben auf das Blech legen.

3. Die Tomaten auf den Pitahälften verteilen. Die Champignons putzen, in feine Scheiben schneiden und mit den Frühlingszwiebeln auf der Pizza verteilen. Den Mozzarella darüber streuen.

4. Die Pitahälften im Backofen auf der mittleren Schiene etwa 20 Minuten überbacken, herausnehmen und jede Hälfte in 8 Stücke schneiden.

Arbeitszeit:
ca. 30 Minuten
Backzeit:
ca. 20 Minuten

Gelingt leicht

Radieschenmäuse

Für 12 Stück

- 12 große Radieschen
- 24 Nelken
- 12 Pumpernickeltaler
- Butter
- Salz
- 1–2 Bund Schnittlauch

1. Die Radieschen waschen, putzen, dabei etwas Grün für die Nase stehen lassen. Von den »Unterseiten« je eine Scheibe abschneiden und halbieren. Auf den »Oberseiten« je zwei Einkerbungen für die Ohren einschneiden und die halbierten Scheiben hineinstecken. Je 2 Nelken als Augen in die Radieschenmäuse stecken.

2. Die Pumpernickeltaler mit Butter bestreichen und leicht mit Salz bestreuen. Den Schnittlauch waschen, trockentupfen und in feine Röllchen schneiden. Die Pumpernickeltaler dick damit bestreuen und je 1 »Radieschenmaus« auf 1 Schnittlauchtaler setzen.

Zubereitungszeit:
ca. 20 Minuten

Variante
Hübsch sehen auch Mini-Fliegenpilze aus: Einfach halbierte Kirschtomaten mit der Schnittfläche nach unten auf die Pumpernickeltaler setzen und die Oberfläche mit kleinen Tupfen aus Salatcreme versehen.

Einladung zum Maikäferfest

Käferkarten

Hübsch sind Maikäfer-Einladungskarten, die Sie aus Tonkarton in verschiedenen Brauntönen basteln können: Kopf und Körper aus dunklem Karton und zwei Flügel aus hellerem Karton zuschneiden und mit einem hellen Stift die Einladung auf den Körper schreiben. Am Kopf die Augen aufmalen oder aus schwarzem Tonpapier ausschneiden und aufkleben. Die Fühler aus schwarzem Tonpapier oder Pfeifenputzerstücken aufkleben. Die Flügel mit einer kleinen Klammer direkt unterhalb des Kopfes befestigen (am besten vorher ein kleines Loch in jeden Flügel und in den Körper bohren), so dass sich die Flügel bewegen lassen. Sind die Flügel geschlossen, verdecken sie den Einladungstext, werden sie geöffnet, kann man die Einladung lesen.
Sie können auch einen Maikäfer auf eine gekaufte Doppelkarte malen oder applizieren und die Einladung in die Karte schreiben. Vielleicht kann Ihr Kind aber auch schon helfen: Karten, die mit Fingerfarben, Bunt- oder Filzstiften selbst bemalt werden, kommen immer gut an, und Ihr Kind hat Spaß und ist stolz auf seine Leistung.

Deko-Tipps

Blumenwiese

Zaubern Sie eine fröhliche Blumenwiesenstimmung, indem Sie Blumen und Blätter in unterschiedlichen Formen und Größen aus Tonpapier in verschiedenen Grüntönen ausschneiden und an der Decke und den Wänden befestigen. Aus Tonkarton können Sie außerdem Maikäfer (vgl. dazu die Anleitung zum Basteln einer Käferkarte) und einfache bunte Blumen basteln und damit den Raum dekorieren. Als Käfer können aber auch Luftballons dienen, denen Sie Augen und Flügel aus Tonpapier aufkleben.

Grasgirlanden

Grüne Grasgirlanden sind ebenfalls schnell gemacht: Grüne Krepppapierrollen in etwa 3 cm breite Stücke schneiden. Die Stücke entrollen, auf eine lange Schnur knüpfen und aufhängen. Dazwischen bunte Käferchen und Blumen anbringen.

Spiele zum Maikäferfest

Storch und Frösche (5–8 Jahre)

Eines der Kinder ist der Storch, die anderen sind die Frösche. Die Frösche hüpfen um den Storch herum, der, auf einem Bein stehend, versuchen muss, einen Frosch zu fangen. Gelingt es ihm, einen Frosch zu erwischen, löst dieser ihn als Storch ab.

Alle Vögel fliegen hoch! (4–8 Jahre)

Die Kinder sitzen im Kreis. Sie sind der Spielleiter und rufen: »Alle Vögel fliegen hoch!«, und alle heben die Arme hoch. Nennen Sie nacheinander verschiedene Tiere, z. B. Amseln, Mücken, Elefanten, Bienen, Hunde oder Katzen. Bei den Tieren, die fliegen können, müssen alle Kinder die Arme in die Luft werfen; wird aber ein Tier genannt, das nicht fliegen kann, darf außer dem Spielleiter niemand die Arme hoch nehmen. Wer es trotzdem tut, muss ein Pfand geben oder ausscheiden.

Heiße Sommerfeste

Sommer, Sonne, blauer Himmel und schöne Tage laden zu Festen im Freien ein. Früchte und Gemüse verwöhnen den Gaumen und sind ein Fest für die Augen. Und Spiele in freier Natur machen besonders viel Spaß. Aber auch, wenn der Wettergott Sie ins Innere des Hauses verbannt, können Sie feiern: Holen Sie sich die Natur einfach ins Zimmer!

Tatzelwurm, komm tanz mit mir

Gelingt leicht

Süßer Tatzelwurm

Für etwa 12 Stücke

- 50 g weiße Schokolade
- 100 ml Milch
- 300 g Sandkuchen
- grüne Lebensmittelfarbe
- 200 g Kokosraspel
- grüne Gummispaghetti
- 1 Lakritzschnecke
- 24 Lakritzstäbchen mit Zuckerguss

1. Die Schokolade zerkleinern und zusammen mit der Milch langsam erhitzen, bis sie geschmolzen ist. Den Sandkuchen in Stücke schneiden, Schokomilch und Kuchenkrümel mit einer Gabel vermengen und mit Lebensmittelfarbe grün einfärben. Zugedeckt etwa 15 Minuten quellen lassen.

2. Die Kokosraspel in einen tiefen Teller schütten. Aus der Kuchenmasse mit feuchten Händen Kugeln formen (für den Kopf eine größere Kugel) und die Kugeln in den Kokosraspeln wälzen. Eine längliche Platte mit den Gummispaghetti auslegen und die Kugeln dicht an dicht darauf legen.

3. Von der Lakritzschnecke ein etwa 5 cm langes Stück abschneiden, dieses teilen und je 1 Hälfte seitlich als Fühler in den Kopf stecken. Seitlich in jede Kugel 2 Lakritzstäbchen als Beine stecken.

Zubereitungszeit:
ca. 40 Minuten

Gelingt leicht

Beerenschichtspeise

Für 8 Portionen

- 3 frische Eier
- 80 g Zucker
- 3 EL Speisestärke
- 500 ml Milch
- 1 Vanilleschote
- 500 g Erdbeeren
- 1 Prise Salz
- 200 g Löffelbiskuits
- 125 ml Birnensaft

Tatzelwurm (Bild Seite 28/29) und Beerenschichtspeise (Bild rechts) machen jede Sommerfete zum Hit.

1. Die Eier trennen. Eigelbe und Zucker schaumig rühren. Die Speisestärke mit etwas Milch verquirlen.

2. Vanilleschote aufschneiden, das Mark herauskratzen. Beides mit der restlichen Milch zum Kochen bringen. Die Schote entfernen, die Stärke einrühren. Die Milch aufkochen, vom Herd nehmen, die Eigelbcreme zufügen. Alles unter Rühren erhitzen (nicht kochen lassen), bis die Creme dick ist.

3. Die Erdbeeren putzen und vierteln. Die Eiweiße mit Salz steif schlagen und unter die Creme ziehen. Eine flache Schale mit Biskuits auslegen und Birnensaft darüber träufeln. Die Hälfte der Erdbeeren darauf verteilen und mit der Vanillecreme bedecken. Das Ganze wiederholen. Etwa 1 Stunde kalt stellen.

Arbeitszeit:
ca. 1 Stunde
Kühlzeit:
ca. 1 Stunde

Gut vorzubereiten

Frühlingszwiebeltarte

Für 6 Portionen

Für den Teig
- 300 g Mehl
- ½ TL Salz
- ½ Würfel Hefe (21 g)
- 1 Prise Zucker

Für den Belag
- 3 Bund Frühlingszwiebeln
- 1 EL Öl
- 100 g Fleischwurst
- 100 g Quark
- 150 g Sahne
- 2 Eier
- 3 EL geriebener Parmesan
- Salz
- Pfeffer

Außerdem
- Backpapier für das Blech
- Mehl zum Ausrollen

Die Frühlingszwiebeltarte (Bild rechts) ist auch kalt ein köstlicher Snack.

1. Das Mehl mit dem Salz mischen und eine Mulde hineindrücken. Die Hefe hineinbröckeln und mit dem Zucker, 50 Milliliter lauwarmem Wasser und etwas Mehl zu einem Vorteig verrühren. Den Vorteig zugedeckt an einem warmen Ort etwa 15 Minuten gehen lassen.

2. 120 Milliliter lauwarmes Wasser zum Vorteig geben und alles zu einem elastischen Teig verkneten. Den Teig zugedeckt an einem warmen Ort etwa 45 Minuten gehen lassen.

3. Inzwischen die Frühlingszwiebeln putzen, waschen und mit dem Grün in feine Ringe schneiden. Das Öl erhitzen. Die Frühlingszwiebeln darin unter Rühren glasig braten und abkühlen lassen. Die Fleischwurst häuten und fein würfeln.

4. Den Backofen auf 200 °C (Gas Stufe 3–4, Umluft 180 °C) vorheizen und ein Backblech mit Backpapier auslegen. Den Teig auf einer leicht bemehlten Arbeitsfläche in Backblechgröße ausrollen und auf das Blech legen.

5. Quark, Sahne, Eier und Parmesan verrühren. Die Frühlingszwiebeln und die Wurst untermischen. Die Mischung mit Salz und Pfeffer würzen und auf dem Teig verteilen. Die Tarte im Backofen auf der unteren Schiene in 20 bis 25 Minuten backen. Die fertige Tarte herausnehmen, in Stücke schneiden und sofort servieren.

Arbeitszeit:
ca. 30 Minuten
Ruhezeit:
ca. 1 Stunde
Backzeit:
ca. 25 Minuten

Tipps

Wenn Sie den Teig schon am Vortag zubereiten wollen: Den fertigen Teig zugedeckt kalt stellen, am nächsten Tag ausrollen, belegen und backen.
Sie können auch mehrere kleine Fladen formen und diese portionsweise backen. Die Backzeit verändert sich dabei nicht.

Gut vorzubereiten

Tomaten mit Käsefüllung

Für 6 Portionen

- 2 EL Pinienkerne
- 12 kleine Strauchtomaten
- Salz
- Pfeffer
- 1 EL Crème fraîche
- 150 g Doppelrahmfrischkäse mit Kräutern
- 1 Knoblauchzehe

1. Die Pinienkerne in einer beschichteten Pfanne unter Rühren hellgelb rösten und abkühlen lassen. Die Tomaten waschen und die Stielansätze entfernen. Die Tomaten quer halbieren und Fruchtfleisch und Kerne mit einem Löffel herauslösen. Die Tomatenhälften innen leicht salzen und pfeffern.

2. Die Crème fraîche mit dem Frischkäse verrühren. Den Knoblauch schälen und durch die Presse dazudrücken.

3. Die Creme mit etwas Salz und Pfeffer abschmecken und gleichmäßig in die Tomatenhälften füllen. Die Tomaten mit den Pinienkernen bestreuen und bis zum Servieren zugedeckt kalt stellen.

Zubereitungszeit:
ca. 20 Minuten

Variante
Nach Belieben können Sie noch fein gehackte frische Kräuter unter die Füllung mischen.

Einladung zum Tatzelwurmfest

Apfelgrüße

Eine originelle Art, zum Tatzelfest einzuladen: Schneiden Sie aus grünem Tonpapier nicht zu kleine Tatzelwürmer aus und malen Sie Augen, Mund, Fühler und Füße direkt auf das Papier. Die Einladung notieren Sie auf der Rückseite. Nun bohren Sie am Wurmende jeweils ein kleines Loch, ziehen einen Bindfaden hindurch und befestigen den Tatzelwurm auf diese Weise jeweils am Stiel eines Apfels. Diese Einladung sollten Sie oder Ihr Kind persönlich übergeben.

Raupenkarten

Basteln Sie zuerst Doppelkarten aus gelbem Tonkarton. Für jede Karte schneiden Sie aus grünem Tonpapier ein Blatt und kleben das Blatt auf die Vorderseite der Karte. Schneiden Sie nun in Blatt und Kartenvorderseite ein unregelmäßig geformtes Loch. Es soll aussehen, als hätte sich eine Raupe hindurchgefressen. Schneiden Sie als nächstes pro Karte 5 bis 6 gleich große grüne Kreise aus und kleben Sie diese jeweils aneinander auf die rechte Innenseite, so dass ein Tatzelwurm entsteht, dessen Kopf durch das Loch im Blatt schaut. Jetzt fehlen nur noch Augen, Mund, Füße und Zylinder, die Sie am besten mit einem schwarzen Stift aufmalen.

Deko-Tipps

Wattetierchen

Aus farbigen Wattebällchen lassen sich lustige Krabbeltiere wie schwarze Spinnen, rote Marienkäfer oder grüne Blattläuse basteln, denen Sie mit schwarzem Filzstift Gesichter aufmalen. Als Fühler und Beine eignen sich bunte Pfeifenputzer, die Sie mit Klebstoff an den Bällchen befestigen.
Mehrere Wattebällchen auf eine Schnur aufgereiht ergeben einen lustigen Tausendfüßler. Seine zahlreichen Beine können Sie ebenfalls aus Pfeifenputzern basteln.

Bunte Schmetterlinge

Schneiden Sie große und kleine Schmetterlinge aus Tonkarton aus und bekleben Sie sie mit farbigem Transparentpapier oder malen Sie sie zusammen mit den Kindern bunt an. Besonders hübsch wirkt es, wenn Sie bunte Lampions als Glühwürmchen zwischen die Schmetterlinge hängen.

Bunte Libellen

Aus dem abgewickelten Pappkern von Küchenpapierrollen lassen sich ohne großen Aufwand auch dekorative bunte Libellen basteln: Malen Sie die Papprollen farbig an und schneiden Sie bei etwa einem Drittel ihrer Länge einen Schlitz hinein. Dann falten Sie buntes Din-A4-Papier ziehharmonikaartig zusammen, stecken es in die Schlitze und ziehen es zu Flügeln auseinander. Als Kopf dient eine große farbige Wattekugel, der Sie ein Gesicht aufmalen.

Spiele zum Tatzelwurmfest

Rote Kirschen ess' ich gern (3-5 Jahre)

Alle Kinder stehen im Kreis. Ein Kind geht außen um den Kreis herum und sagt dabei: »Rote Kirschen ess', ich gern, schwarze noch viel lieber, in die Schule geh' ich gern, alle Jahre wieder.« Bei jeder Silbe klopft es den Kindern nacheinander leicht auf den Rücken. Das Kind, das es bei der letzten Silbe berührt, hängt sich an, und die Kinder gehen nun gemeinsam um den Kreis. So geht es weiter, bis nur noch ein Kind übrig ist. Dieses Kind beginnt mit der nächsten Runde oder dem nächsten Spiel.

Tiere raten (3-8 Jahre)

Alle Kinder sitzen im Kreis. Sie lassen eine Kassette mit Tierstimmen ablaufen, und die Kinder müssen raten, um welches Tier es sich jeweils handelt. Sie können natürlich auch andere Geräusche erraten lassen, etwa raschelnde Blätter, quietschende Türen, starken Wind oder einen tropfenden Wasserhahn. Je nach Alter der Kinder können die zu erratenden Geräusche immer schwieriger sein. Entsprechende Kassetten gibt es im Fachhandel zu kaufen.

Dosen-Geheimnisse (3-8 Jahre)

Füllen Sie Blechdosen mit Gegenständen, etwa mit Schlüsseln, Knöpfen oder Murmeln, und zwar so, dass sich in manchen Dosen die gleichen Dinge befinden. Verschließen Sie die Dosen mit Alufolie und lassen Sie die Kinder durch Schütteln herausfinden, welche Dosen denselben Inhalt aufweisen.

Hänschen, piep einmal! (3-7 Jahre)

Die Kinder sitzen auf Stühlen im Kreis, einem Kind werden die Augen verbunden. Das Kind wird nun im Kreis gedreht, setzt sich einem anderen Kind auf den Schoß, ohne es dabei anzufassen, und sagt: »Hänschen, piep einmal!« Das betreffende Kind antwortet mit verstellter Stimme »Piep«, und das Kind mit den verbundenen Augen muss raten, auf wessen Schoß es sitzt. Rät es richtig, muss das andere Kind in den Kreis, und die übrigen Kinder tauschen die Plätze.

Dschungelparty

Braucht etwas Zeit Tigertorte

Für etwa 10 Stücke

Für den Teig
- 250 g Butter
- 200 g Zucker
- 1 Päckchen Vanillezucker
- 5 Eier
- 200 g Mehl
- 100 g Speisestärke
- 2 TL Backpulver
- 2 TL Zimt
- 200 g gemahlene Mandeln
- Salz

Für den Guss
- 200 g Puderzucker
- 2 EL Orangensaft
- gelbe und rote Lebensmittelfarbe
- 100 g Zartbitterkuvertüre

Außerdem
- Fett und Mehl für die Form
- festes Papier für die Schablone
- 1 grüner Fruchtgummi
- 1 roter Fruchtgummi

Mit der eindrucksvollen Tigertorte (Bild rechts) holen Sie Urwaldstimmung ins Haus – Ihre Kleinen werden begeistert sein.

1. Eine Springform von 28 cm Ø einfetten und mit Mehl ausstreuen. Den Backofen auf 180 °C (Gas Stufe 2–3, Umluft 160 °C) vorheizen. Butter, Zucker und Vanillezucker mit den Quirlen des Handrührgerätes cremig rühren. Die Eier trennen und die Eigelbe nach und nach unterrühren, dabei esslöffelweise das Mehl zufügen. Speisestärke, Backpulver, Zimt und Mandeln ebenfalls unterrühren.

2. Die Eiweiße mit etwas Salz zu Eischnee schlagen. Ein Drittel des Eischnees unter den Teig rühren, zwei Drittel locker unterheben. Den Teig in die Form füllen und im Backofen etwa 40 Minuten backen. Den Kuchen aus dem Ofen nehmen, etwa 1 Stunde abkühlen lassen und den Rand der Springform entfernen.

3. Inzwischen auf Papier einen Kreis von 28 cm Ø zeichnen und ausschneiden. In den Kreis einen Tigerkopf zeichnen und ausschneiden. Die Schablone auf den Kuchen legen und den Kopf mit einem scharfen Messer ausschneiden.

4. Für den Guss den Puderzucker mit dem Orangensaft verrühren. 1 Esslöffel Guss für die Augen abnehmen, den Rest mit der Lebensmittelfarbe gelborange einfärben und den Kuchen damit überziehen.

5. Die Kuvertüre im Wasserbad schmelzen, in einen Tiefkühlbeutel füllen. Von dem Beutel eine kleine Ecke abschneiden und mit der herauslaufenden Kuvertüre Streifen und Nase auf den »Tiger« malen. Die Augen mit dem weißen Guss markieren. Für die Iris zwei Kreise aus grünem Fruchtgummi ausschneiden und auf den Guss kleben. Als Zunge 1 Stück roten Fruchtgummi unterhalb der Nase in den Kuchen stecken.

Arbeitszeit:
ca. 1 Stunde
Backzeit:
ca. 40 Minuten
Kühlzeit:
ca. 1 Stunde

Tipp

Statt mit flüssiger Kuvertüre können Sie die Tigerstreifen auch mit Lakritze oder mit Geleebananen markieren.

Gelingt leicht

Mohrenköpfe

Für 6 Portionen

Für den Pudding
- 200 g Zartbitterschokolade
- 6 EL Speisestärke
- 1 l Milch
- 50 g Zucker
- 1 Päckchen Vanillezucker
- 2 Eier

Für die Garnierung
- 200 g Sahne
- 1 Päckchen Vanillezucker
- 1 Päckchen Sahnesteif

1. Die Schokolade in kleine Stücke brechen und in einen Topf geben. Die Speisestärke mit 100 Milliliter Milch verrühren. Die restliche Milch zur Schokolade geben und beides langsam erhitzen, bis die Schokolade geschmolzen ist. Zucker und Vanillezucker unterrühren.

2. Die angerührte Speisestärke zur Schokomilch gießen und unter ständigem Rühren aufkochen, bis die Masse dick zu werden beginnt. Den Topf vom Herd nehmen.

3. Die Eier verquirlen und unter die Schokomasse rühren. Den Pudding nochmals erwärmen, aber nicht mehr kochen, und abkühlen lassen. Sechs Tassen kalt ausspülen. Die Puddingmasse einfüllen und etwa 4 Stunden kalt stellen.

4. Zum Servieren die Tassen kurz in heißes Wasser tauchen und die Puddings auf kleine Teller stürzen. Die Sahne mit Vanillezucker und Sahnesteif steif schlagen und in einen Spritzbeutel mit Lochtülle füllen. Auf die Mohrenköpfe Gesichter und Haare aufspritzen.

Arbeitszeit:
ca. 30 Minuten
Kühlzeit:
ca. 4 Stunden

Geht schnell

Tropic-Flip

Für 6 Portionen

- 3–4 EL Zitronensaft
- 50 g Kokosraspel
- 300 g Pistazieneis
- 1½ l Bananen- oder Ananassaft

Außerdem
- Minzeblättchen zum Garnieren

1. Den Zitronensaft und die Kokosraspel getrennt auf zwei flache Teller geben. Sechs Longdrink- oder Cocktailgläser jeweils mit dem Rand zuerst in den Zitronensaft, dann in die Kokosraspel tauchen.

2. In jedes Glas 1 Kugel Eis geben, mit Saft aufgießen und mit Minzeblättchen garnieren. Zum Servieren einen Strohhalm und einen langen Löffel reichen.

Zubereitungszeit:
ca. 10 Minuten

Gelingt leicht

Gemüseknabberspaß

Für 6 Portionen

- 1 Knoblauchzehe
- 100 ml Olivenöl
- 6 kleine Möhren
- je 1 rote und gelbe Paprikaschote
- 1 kleiner Zucchino
- 6 kleine Stangen Sellerie
- ½ Salatgurke
- Salz
- Pfeffer

1. Die Knoblauchzehe schälen und mit dem Öl übergießen. Das Öl zugedeckt beiseite stellen.

2. Die Möhren schälen und längs in Stifte schneiden. Die Paprikaschoten halbieren, putzen, waschen und in Streifen schneiden. Den Zucchino waschen, putzen, längs halbieren und die Hälften in Stifte schneiden. Den Sellerie waschen und putzen. Die Gurke waschen oder schälen und längs in Stifte schneiden.

3. In zwei kleine Schälchen jeweils etwas Salz und Pfeffer geben. Den Knoblauch aus dem Öl nehmen. Das Gemüse dekorativ auf einer Platte anrichten und Knoblauchöl, Salz und Pfeffer dazustellen. Zum Essen die Gemüsestifte in das Öl und nach Belieben in Salz und Pfeffer tauchen.

Zubereitungszeit:
ca. 30 Minuten

Serviertipp
Dazu passt ein schneller Joghurt-Kräuter-Dip: 150 Gramm Joghurt mit 50 Gramm saurer Sahne oder Crème fraîche verrühren und mit frischen gehackten Kräutern und 1 zerdrückten Knoblauchzehe sowie Salz und Pfeffer anmachen.

Gelingt leicht

Hähnchensandwiches

Für 6 Portionen

- 6 Blätter Eichblattsalat
- 1 großes Hähnchenbrustfilet
- Salz
- Pfeffer
- 2 EL Butterschmalz
- 1 EL Butter
- 6 Eier
- 12 Scheiben Vollkorn-Sandwichbrot
- Erdnussbutter mit Stücken
- Mayonnaise

1. Die Salatblätter waschen und abtropfen lassen. Das Hähnchenbrustfilet waschen und trockentupfen. Das Fleisch von Haut und Fett befreien und mit Salz und Pfeffer würzen. Das Butterschmalz erhitzen. Das Filet darin von beiden Seiten goldbraun braten und herausnehmen.

2. Die Butter in einer beschichteten Pfanne zerlassen. Die Eier darin bei mittlerer Hitze braten, bis das Eigelb fast fest ist (eventuell einen Deckel auflegen), und mit Salz und Pfeffer würzen. Das Fleisch in sehr dünne Scheiben schneiden.

3. Die Brotscheiben toasten. 6 Scheiben mit Erdnussbutter, die anderen Scheiben mit Mayonnaise bestreichen. Die Erdnussbutterbrote mit je 1 Salatblatt, etwas Hähnchenfleisch und 1 Spiegelei belegen und die restlichen Brotscheiben darauf setzen. Die Sandwiches nach Belieben diagonal halbieren und mit Spießchen dekoriert servieren.

Zubereitungszeit: ca. 30 Minuten

Serviertipp
Wenn Sie möchten, können Sie zusätzlich Tomatenscheiben auf die Eier legen.

Einladung zur Dschungelparty

Papiertiere

Zur Einstimmung auf das Dschungelfest können Sie Urwaldtiere aus Tonpapier oder einen Mohrenkopf aus schwarzem Tonpapier basteln, dem Sie ein Gesicht aus buntem Papier aufkleben und Haare aus Putzwolle ankleben. Die Einladung schreiben Sie auf die Rückseite.

Süße Überraschung

Wenn Sie Gelegenheit haben, die Einladungen selbst zu überreichen, dann schreiben Sie die Einladung auf kleine Zettel, kleben sie wie Schildchen an Zahnstocher und stecken diese in echte Mohrenköpfe. Die Mohrenköpfe hüllen Sie am besten in bunte Papierservietten.

Deko-Tipps

Urwald & wilde Tiere

Als Urwalddekoration für Tisch, Zimmerdecke und Wände eignen sich große grüne Blätter, die Sie im Bastelgeschäft bekommen. Besonders exotisch wirkt der Raum, wenn Sie Palmen aus Tonpapier und Urwaldtiere aus Tonkarton basteln, mit denen Sie die Wände dekorieren. Aber auch »wilde« Kuscheltiere ergeben eine hübsche Kulisse. Mit Stoffen im Raubtiermuster, die Sie kunstvoll um Stühle und/oder Tisch drapieren, schaffen Sie einen tollen Dschungeleffekt!

Spiele zur Dschungelparty

Watte blasen (3–8 Jahre)

Die Kinder sitzen um den Tisch, in der Mitte des Tischs liegt ein Wattebausch. Die Kinder versuchen, die Watte über den Tisch zu blasen. Fällt die Watte bei einem Kind auf den Boden, muss es ein Pfand geben. Fällt sie zwischen zwei Kindern herunter, geben beide ein Pfand.

Wörter bilden (5–8 Jahre)

Die Kinder stehen oder sitzen im Kreis. Ein Kind bekommt einen kleinen Ball, den es einem anderen Kind zuwirft. Dabei sagt es ein zusammengesetztes Hauptwort, etwa »Dschungelparty«. Das Kind, das den Ball gefangen hat, muss nun aus der zweiten Worthälfte schnell ein neues Wort bilden, beispielsweise »Partymusik«. Dabei wirft es den Ball weiter, und das dritte Kind bildet zum Beispiel das Wort »Musikkassette«. So geht es immer weiter. Weiß jemand kein Wort, muss er ein Pfand geben oder ausscheiden.

Apfel fangen (4–8 Jahre)

Ein Apfel schwimmt in einer großen Schüssel mit Wasser. Die Kinder halten die Hände auf dem Rücken und müssen nun der Reihe nach versuchen, den Apfel nur mit dem Mund aus dem Wasser zu fischen. Dafür hat jedes Kind 1 Minute Zeit. Wer es geschafft hat, bekommt einen Preis.

Grillfest

Geht schnell

Birnen-Streusel-Kuchen

Für etwa 8 Stücke

- 300 g TK-Blätterteig
- 50 g Butter
- 100 g Pekannüsse
- 80 g Mehl
- 1 TL Zimtpulver
- 150 g Honig
- 750 g reife Birnen
- 2 EL Zitronensaft

Außerdem

- Backpapier für das Blech
- Mehl zum Ausrollen
- Vanilleeis zum Servieren

1. Die Blätterteigplatten nebeneinander auftauen lassen. Die Butter schmelzen und lauwarm abkühlen lassen. Die Nüsse fein hacken und mit Mehl und Zimt mischen. 5 Esslöffel Honig mit der Butter verrühren und mit der Mehl-Nuss-Mischung zu Streuseln verarbeiten.

2. Ein Backblech von 30 × 40 cm mit Backpapier auslegen. Den Backofen auf 200 °C (Gas Stufe 3–4, Umluft 180 °C) vorheizen. Den Blätterteig auf wenig Mehl ausrollen, auf das Blech legen und mit einer Gabel mehrmals einstechen.

3. Die Birnen schälen, von den Kerngehäusen befreien, in Spalten schneiden und auf dem Blätterteig verteilen. Zitronensaft und den restlichen Honig verrühren und die Birnenspalten damit bestreichen. Die Streusel auf den Birnen verteilen.

4. Den Kuchen im Backofen etwa 30 Minuten backen. Lauwarm zu Vanilleeis servieren.

Arbeitszeit:
ca. 30 Minuten
Backzeit:
ca. 30 Minuten

Gelingt leicht

Bunter Fruchtsalat

Für 6 Portionen

- 1 Honigmelone
- 150 g Heidelbeeren
- 150 g Himbeeren
- 1 Banane
- 2 Nektarinen
- Saft von 1 Orange
- 2 EL Kokossirup oder Honig

Außerdem

- Zitronenmelisseblättchen zum Garnieren

1. Die Melone halbieren und die Kerne entfernen. Das Fruchtfleisch mit einem Kugelausstecher herauslösen und in eine Schüssel geben.

2. Die Beeren verlesen, abbrausen und abtropfen lassen. Die Banane schälen und in Scheiben schneiden. Die Nektarinen waschen und in dünne Spalten schneiden. Alles zu den Melonenkugeln geben.

3. Den Orangensaft mit dem Kokossirup oder dem Honig verrühren und über die Früchte gießen. Alles vorsichtig vermengen und zugedeckt etwa 15 Minuten ziehen lassen. Den Salat mit Melisseblättchen garniert servieren.

Arbeitszeit:
ca. 20 Minuten
Zeit zum Ziehen:
ca. 15 Minuten

Gelingt leicht

Gefüllte Folienkartoffeln

Für 6 Portionen

Für die Folienkartoffeln
- 6 große Bio-Kartoffeln
- 125 g Mozzarella
- Salz
- Pfeffer

Für die Tomatensauce
- 300 g Pizzatomaten (aus der Dose)
- 1 Bund Basilikum
- 1 Knoblauchzehe
- 1 TL Olivenöl
- Salz
- Pfeffer

Außerdem
- Alufolie zum Einwickeln

1. Die Kartoffeln unter fließendem Wasser gründlich abbürsten, trockenreiben und einzeln in Alufolie wickeln. Die Kartoffeln im Backofen bei 220 °C (Gas Stufe 4–5, Umluft 200 °C) oder auf dem Grill in etwa 1 Stunde weich garen, etwas abkühlen lassen, vorsichtig auswickeln und halbieren.

2. Den Mozzarella abtropfen lassen und klein würfeln. Die Kartoffelhälften mit einem Löffel etwas aushöhlen. Den Mozzarella hineinfüllen, mit Salz und Pfeffer würzen und die Hälften wieder zusammensetzen. Die Kartoffeln erneut in Folie wickeln und auf dem Grill weitere 15 Minuten garen.

3. Inzwischen die Tomaten pürieren. Das Basilikum waschen und trockenschwenken. Die Blättchen fein hacken und unter die Tomatensauce rühren. Den Knoblauch schälen, durch die Presse drücken und dazugeben. Das Olivenöl unterrühren. Die Sauce mit Salz und Pfeffer abschmecken und zu den Kartoffeln reichen.

Arbeitszeit:
ca. 30 Minuten
Garzeit:
ca. 1 Stunde 15 Minuten

Geht schnell

Hähnchenkeulen

Für 6 Portionen

- 6 Hähnchenkeulen
- Salz
- Pfeffer
- Paprikapulver edelsüß

Außerdem
- Öl für die Form und zum Bestreichen
- 6 Papiermanschetten
- Zitronenspalten und Petersilie zum Garnieren

1. Den Backofen auf 200 °C (Gas Stufe 3–4, Umluft 180 °C) vorheizen. Eine feuerfeste Form mit Öl ausstreichen.

2. Die Hähnchenkeulen kalt abspülen, trockentupfen, mit Öl bestreichen und mit Salz, Pfeffer und Paprikapulver würzen.

3. Die Keulen nebeneinander in die Form legen und im Backofen etwa 30 Minuten braten, dabei immer wieder wenden. Das Fleisch ist gar, wenn beim Anstechen mit einer Messerspitze nur noch klarer Saft austritt.

4. Die Hähnchenkeulen mit je einer Papiermanschette versehen und mit Zitronenspalten und Petersilie garniert servieren.

Arbeitszeit:
ca. 10 Minuten
Garzeit:
ca. 30 Minuten

Gut vorzubereiten

Bunter Kartoffelsalat

Für 6 Portionen

- 1 kg fest kochende Kartoffeln
- 3 Eier
- 1 rote Paprikaschote
- ½ kleine Salatgurke
- 3–4 Frühlingszwiebeln
- 200 ml kräftige Fleischbrühe
- 2–3 EL Essig
- 1–2 EL Sonnenblumenöl
- Salz
- Pfeffer
- 1 EL Schnittlauchröllchen

Genau richtig für eine deftige Brotzeit ist der Bunte Kartoffelsalat (Bild rechts).

1. Die Kartoffeln waschen und in etwa 25 Minuten weich kochen, abgießen, kalt abschrecken und kurz abdampfen lassen. Während die Kartoffeln garen, die Eier anpieksen und in etwa 10 Minuten hart kochen.

2. Die Paprikaschote halbieren, waschen, putzen und fein würfeln. Die Gurke schälen und ebenfalls in kleine Würfel schneiden. Die Frühlingszwiebeln waschen, putzen und in Ringe schneiden.

3. Die Kartoffeln noch heiß pellen und in Scheiben schneiden. Paprika, Gurke und Frühlingszwiebeln untermischen. Die Fleischbrühe erhitzen und den Essig zufügen. Die Kartoffeln damit übergießen und etwa 30 Minuten ruhen lassen.

4. Das Öl unter die Kartoffeln mischen und den Kartoffelsalat mit Salz und Pfeffer würzen. Die Eier schälen und in Scheiben schneiden. Den Kartoffelsalat damit belegen und mit Schnittlauchröllchen bestreuen.

Arbeitszeit:
ca. 40 Minuten
Zeit zum Ziehen:
ca. 30 Minuten

Gut vorzubereiten

Grillfladen

Für 12 Stück

- 200 g Weizenvollkornmehl
- 100 g Mehl
- ½ TL Salz
- 1 TL Kreuzkümmel
- 3 EL Butterschmalz

Außerdem
- Mehl zum Ausrollen

1. Beide Mehlsorten mit Salz und Kreuzkümmel mischen. Das Butterschmalz zerlassen, zum Mehl geben und die Mischung mit den Händen zerkrümeln. Nach und nach etwa 200 Milliliter Wasser zufügen und alles mit den Händen zu einem glatten Teig verkneten. Den Teig zugedeckt etwa 2 Stunden ruhen lassen.

2. Den Teig auf einer bemehlten Arbeitsfläche nochmals kräftig durchkneten und in 12 Stücke teilen. Die Stücke zu flachen Fladen formen. Die Fladen auf einer Grillschale über der Holzkohlenglut von jeder Seite etwa 3 Minuten backen und noch warm essen.

Arbeitszeit:
ca. 15 Minuten
Ruhezeit:
ca. 2 Stunden
Backzeit:
ca. 6 Minuten

Serviertipp
Reichen Sie dazu einen Quark mit klein gewürfelter roter Paprikaschote oder Schnittlauchröllchen, den Sie mit Salz und wenig Pfeffer würzen.

Tipp

Sie können die Fladen auch in einer beschichteten Pfanne in wenig Butterschmalz braten.

Einladung zum Grillfest

Pappwürste

Passend zum Grillfest können Sie Würste aus braunem Tonkarton basteln, denen Sie nach Belieben noch eine Senfhaube aus gelbem Karton aufsetzen.

Brezelkarten

Hübsch wirken auch Klappkarten, die Sie mit einer Brezel bemalen.
Sie können natürlich auch echte Salzbrezeln nehmen (dann sollten Sie die Einladung allerdings besser selbst überbringen): Schreiben Sie alle wichtigen Daten auf kleine Zettel und befestigen Sie diese an den Brezeln.

Deko-Tipps

Lampionkette

Immer schön – auch wenn sie nicht leuchten – wirken Lampions, die Sie im Garten aufhängen.

Falsche & echte Würste

Hängen Sie Riesenwürste aus Karton an einer Schnur im Garten auf und lassen Sie dazwischen lauter kleine echte Würste baumeln, die sich die Kinder dann abschneiden und grillen dürfen.

Spiele zum Grillfest

Grillschürzen basteln (4–8 Jahre)

Lassen Sie die Kinder aus Küchenhandtüchern und bunten Bändern ihre eigenen Grillschürzen basteln und eventuell mit Kartoffelstempeln verzieren. Jedes Kind darf seine Schürze dann nach dem Fest mit nach Hause nehmen.

Grill-Angelspiel (4–8 Jahre)

Legen Sie verschiedene Gegenstände in einen großen Karton. Jedem Kind werden nacheinander die Augen verbunden. Es bekommt eine Grillzange in die Hand und soll damit innerhalb einer bestimmten Zeit möglichst viele Gegenstände aus dem Karton fischen. Sieger ist, wer die meisten Dinge ergattert hat.

Was ist in der Kiste? (4–8 Jahre)

Geben Sie unterschiedliche Materialien, beispielsweise Sand, Blätter, Gras oder Kieselsteine, in verschiedene flache Kartons oder Kisten. Die Kinder werden mit verbundenen Augen barfuß über die Kisten geführt. Dann werden die Kisten weggeräumt, den Kindern die Augenbinden wieder abgenommen, und sie müssen sagen, was sich in den Kisten befand (größere Kinder können es aufschreiben).

Brezeln schnappen (3–8 Jahre)

Fädeln Sie kleine Salzbrezeln auf eine lange Leine, und spannen Sie die Leine zwischen zwei Bäume, so dass die Kinder mit dem Mund nicht an die Brezeln kommen. Auf ein Zeichen müssen die Kinder loslaufen, in die Höhe springen und nach den Brezeln schnappen, ohne sie mit der Hand anzufassen oder festzuhalten. Wer zuerst seine Brezel gegessen hat, ist Sieger.

Originelle Herbstfeste

Die Bäume haben ihre bunten Kleider angelegt, und die Tage werden allmählich kürzer. Es ist die Zeit der heftigen Winde, der bunten Drachen am blau-weißen Himmel und der Kürbisgeister. Genießen Sie mit Ihren Kindern die letzten warmen Sonnenstrahlen, sammeln Sie bunte Blätter, lassen Sie die Drachen steigen und leuchten Sie mit finster blickenden Kürbisgeistern in die frühe Dämmerung.

Buntes Blätterfest

Gelingt leicht

Heidelbeermuffins

Für 12 Stück

- 150 g Butter
- 200 g Heidelbeeren
- 150 g Mehl
- 60 g zarte Haferflocken
- 50 g gemahlene Mandeln
- 2 TL Backpulver
- ½ TL Natron
- 2 Eier
- 150 g Zucker
- 1 Päckchen Vanillezucker
- 150 g saure Sahne
- 150 g Joghurt

Außerdem
- Fett oder Papierförmchen für die Muffinform

Heidelbeermuffins (Bild Seite 48/49) und frisch gepresster Apfel-Birnen-Saft (Bild rechts) lassen Kinderherzen höher schlagen.

1. Den Backofen auf 200 °C (Gas Stufe 3–4, Umluft 180 °C) vorheizen. Eine Muffinform einfetten oder Papierbackförmchen in die Mulden setzen. Die Butter bei schwacher Hitze zerlassen. Die Heidelbeeren waschen und verlesen.

2. Mehl, Haferflocken, Mandeln, Backpulver und Natron mischen. Die Eier verquirlen und nacheinander Zucker, Vanillezucker, Butter, saure Sahne und Joghurt unterrühren. Die Mehl-Mandel-Mischung zur Eiercreme geben und unterheben (den Teig nicht zu lange rühren, damit die Muffins schön locker werden). Die Heidelbeeren unter den Teig heben.

3. Den Teig in die Mulden füllen und die Muffins im Backofen etwa 25 Minuten backen. Die Muffins herausnehmen, etwa 5 Minuten ruhen lassen, aus der Form stürzen und noch warm servieren.

Arbeitszeit:
ca. 15 Minuten
Backzeit:
ca. 25 Minuten

Tipp

Wenn Sie tiefgefrorene Beeren verwenden, sollten Sie sie gefroren unter den Teig mischen. Haben Sie keine Muffinform, setzen Sie einfach zwei bis drei Papierförmchen ineinander oder nehmen ofenfeste Tassen.

Gelingt leicht

Apfel-Birnen-Saft

Für 6 Portionen

- 6 Äpfel
- 6 Birnen
- Minzeblättchen zum Garnieren

1. Äpfel und Birnen waschen, vierteln und Stiele und Kerngehäuse entfernen.

2. Die Fruchtstücke portionsweise in den Entsafter geben und den Saft auspressen.

3. Den Saft in Gläser füllen und mit Minze garnieren.

Zubereitungszeit:
ca. 10 Minuten

Blätter-Fest,
Anna
Oktober
15 Uhr

Braucht etwas Zeit

Baumbrot

Für etwa 8 Stücke

- 200 g mehlig kochende Kartoffeln
- 300 g Mehl
- 50 g geriebener Parmesan
- Salz
- 1 Würfel Hefe (42 g)
- 1 Prise Zucker
- 60–80 ml lauwarme Buttermilch
- 1 Möhre
- 3 Frühlingszwiebeln
- 1 rote Paprikaschote
- 2 EL Butter
- Pfeffer
- 1 Ei

Außerdem
- Fett oder Backpapier für das Blech
- 1 Eigelb zum Bestreichen
- nach Belieben Mohn, Sesam und Sonnenblumenkerne zum Bestreuen

Schön Geformtes wie das pikante Baumbrot (Bild rechts) kommt immer gut an.

1. Die Kartoffeln in der Schale in wenig Wasser in etwa 30 Minuten weich kochen. Inzwischen Mehl, Parmesan und 1 Teelöffel Salz mischen und in die Mitte eine Vertiefung drücken. Die Hefe hineinbröckeln und mit dem Zucker bestreuen. Etwas Buttermilch zugeben und die Hefe darin auflösen. Die Schüssel mit einem Tuch bedecken und den Vorteig etwa 15 Minuten gehen lassen.

2. Inzwischen die Möhre waschen und raspeln. Die Frühlingszwiebeln waschen, putzen und in feine Röllchen schneiden. Die Paprikaschote waschen, halbieren, putzen und fein würfeln. Die Butter erhitzen. Das Gemüse darin etwa 5 Minuten dünsten und mit Salz und Pfeffer würzen.

3. Die Kartoffeln abgießen, noch heiß pellen und durch die Presse drücken. Die restliche Buttermilch, Ei, Gemüse und Kartoffelmus zum Vorteig geben und alles zu einem Teig verkneten. Den Teig zugedeckt etwa 45 Minuten gehen lassen, bis er sein Volumen verdoppelt hat.

4. Den Backofen auf 180 °C (Gas Stufe 2–3, Umluft 160 °C) vorheizen und ein Backblech mit Backpapier auslegen. Den Teig auf etwas Mehl in Größe des Backblechs rechteckig ausrollen und einen Baum daraus ausschneiden. Den Baum auf das Blech legen und aus den Teigresten Blätter formen. Das Eigelb mit 1 Esslöffel Wasser verquirlen. Die Blätter und den Baum damit bestreichen und die Blätter in die Baumkrone »kleben«.

5. Baum und Blätter nach Belieben mit Mohn, Sesam und Sonnenblumenkernen bestreuen und zugedeckt weitere 15 Minuten gehen lassen. Den Baum im Backofen etwa 40 Minuten backen und abkühlen lassen.

Arbeitszeit:
ca. 1 Stunde
Ruhezeit:
ca. 1 Stunde 15 Minuten
Backzeit:
ca. 40 Minuten

Serviertipp
Das Baumbrot am besten zu Kräuterquark oder gewürzter Butter servieren.

Gelingt leicht

Gegrillte Maiskolben

Für 6 Portionen

- 3 Kolben Zuckermais
- Salz
- 1 Prise Zucker
- Pfeffer
- 6–8 EL Butter

Außerdem
- 12 kleine Spieße

1. Die Maiskolben waschen. Reichlich Salzwasser mit dem Zucker zum Kochen bringen. Die Maiskolben darin etwa 10 Minuten garen, herausnehmen und abtropfen lassen.

2. Die Maiskolben mit Salz und Pfeffer würzen, mit der Hälfte der Butter bestreichen und auf einem Rost über der offenen Glut oder im Elektrogrill unter Wenden weitere 20 Minuten grillen. Die Kolben halbieren, kleine Spieße in die Enden stecken. Kolben mit Butter bestreichen.

Zubereitungszeit:
ca. 40 Minuten

Einladung zum Blätterfest

Herbstliche Laubkarten

Sammeln Sie viele verschiedene schöne große und kleine Herbstblätter. Legen Sie die Blätter zwischen mehrere Lagen Zeitungspapier, beschweren Sie das Ganze mit Büchern und lassen Sie die Blätter etwa eine Woche trocknen. Dann können Sie gekaufte oder selbst gemachte Klappkarten mit den Blättern bekleben und als Einladungen verschicken.
Wenn Sie große Blätter (z. B. Ahorn) gesammelt haben, können Sie die gepressten Blätter auch auf normales weißes Papier legen, die Blattumrisse nachzeichnen und die Blätter ausschneiden. Schreiben Sie die Einladung auf diese Papierblätter, und kleben Sie sie auf die Rückseite der gepressten Blätter.

Erinnerung an Erntedank

Ebenso herbstlich und stimmungsvoll wird Ihre Einladung, wenn Sie einige kleine, dünne, trockene Zweige auf eine rote, grüne oder gelbe Karte kleben und mit Buntstiften Äpfel dazwischen malen. Beschriften Sie die Karten auf der Vorderseite mit dem Anlass, auf der Rückseite mit den restlichen Informationen zum Fest.

Deko-Tipps

Bunte Herbstpracht

Dekorieren Sie Tisch und Räume mit selbst gesammelten Blättern, getrockneten Maiskolben, Trockensträußen sowie Kastanien und stellen Sie überall – aber außerhalb der Reichweite der Kinder! – kleine Teelichte auf (Teelichte im Alubecher sollten immer auf einer hitzebeständigen Unterlage stehen, denn die Becher werden sehr heiß!). Am schönsten sehen Teelichte in Glasbechern aus.

Blätterraupe

Mit einer langen Stopfnadel zuerst einige Holzperlen (mindestens 1 cm Ø) auf Strickgarn auffädeln, zwischen den Perlen Knoten machen. Dann getrocknete (nicht gepresste) Blätter abwechselnd mit Holzperlen auffädeln. Grünes Seidenpapier zu einem dicken Knäuel zusammenknüllen und als Kopf zum Schluss auffädeln. Aus Papier Augen ausschneiden und aufkleben.

Geschenksäckchen

Verteilen Sie auf dem Tisch kleine Jutesäckchen, die Sie jeweils mit dem Namen eines Kindes beschriften und mit herbstlichen Leckereien, beispielsweise mit verschiedenen Nüssen, füllen. Das sieht hübsch aus und macht den kleinen Gästen auf jeden Fall viel Freude.

Spiele zum Blätterfest

Geländerallye (7-8 Jahre)

Bei gutem Wetter können Sie mit größeren Kindern eine Geländerallye veranstalten: Die Kinder müssen zu Fuß oder mit dem Fahrrad innerhalb einer festgelegten Zeit einen bestimmten Weg abgehen oder -fahren und dabei an verschiedenen Stationen bestimmte Aufgaben erfüllen, etwa das Blatt eines bestimmten Baumes pflücken, zehn Kastanien sammeln oder den Namen des Strauches am Ziel aufschreiben. Wieder daheim werden die Ergebnisse ausgewertet und der Sieger ermittelt. Für eine solche Rallye brauchen Sie allerdings mehrere Helfer, die die Kinder beaufsichtigen.

Sackhüpfen (5-8 Jahre)

Jedes Kind bekommt einen Sack (oder ein altes Kopfkissen), im Garten oder auf einer Wiese wird ein Ziel oder ein Wendepunkt markiert. Die Kinder stellen sich in ihrem Sack in gleicher Linie auf und hüpfen darin nach dem Startzeichen zum Ziel, ohne den Sack dabei zu verlieren oder hinzufallen. Wer als Erster das Ziel erreicht, hat gewonnen.

Kastanien werfen (3-8 Jahre)

Hängen Sie einen Reifen an einen Baum oder stellen Sie eine Kiste auf. Dann müssen die Kinder aus einiger Entfernung selbst gesammelte Kastanien (oder einen Ball) durch den Reifen oder in die Kiste werfen. Wer die meisten Treffer hat, ist Sieger.

Preise raten (3-8 Jahre)

Füllen Sie eine Kiste mit Maiskörnern, Kastanien oder Sand und verstecken Sie einen kleinen Preis darin, etwa ein Auto oder ein Kartenspiel. Ein Kind muss mit verbundenen Augen den Gegenstand ertasten und raten, was es ist. Hat es richtig geraten, gehört der Preis ihm. Jetzt verstecken Sie einen anderen Preis, und das nächste Kind ist an der Reihe.

Welches Bild ist am schönsten? (3-8 Jahre)

Legen Sie Papier und Buntstifte oder Fingerfarben für die Kinder bereit. Immer zwei Kinder malen oder zeichnen zusammen ein Bild, ohne dass sie zuvor darüber sprechen sollen, was sie malen. Die Kinder müssen auch gleichzeitig beginnen, sollen also nicht erst schauen können, was der Partner malt.

Kürbisgeisterfest

Gut vorzubereiten

Schoko-Nuss-Kuchen

Für etwa 25 Stücke

Für den Teig
- 300 g Zartbitterschokolade
- 200 g Walnusskerne
- 1 unbehandelte Zitrone
- 200 g Möhren
- 300 g Butter
- 200 g Zucker
- 6 Eier

Für den Guss
- 150 g Puderzucker
- 1–2 EL Zitronensaft

Außerdem
- Backpapier für das Blech

Beim Anblick des saftigen Schoko-Nuss-Kuchens (Bild rechts, vorne) und des leckeren Bananen-Kokos-Flips (Bild rechts, hinten) gönnen sich auch die eifrigsten Geisterjäger gerne eine Pause.

1. Schokolade und Walnüsse fein hacken. Die Zitrone heiß waschen und trockenreiben. Die Schale fein abreiben und den Saft auspressen. Die Möhren schälen und fein raspeln. Den Backofen auf 200 °C (Gas Stufe 3–4, Umluft 180 °C) vorheizen und eine Form von 30 × 30 cm mit Backpapier auslegen.

2. Butter und Zucker cremig rühren. Die Eier trennen und die Eigelbe nacheinander unterrühren. Nüsse, Schokolade, Möhren und Zitronenschale unterheben. Die Eiweiße mit 1 Teelöffel Zitronensaft steif schlagen und den Eischnee locker unter den Teig heben.

3. Den Teig auf dem Blech verteilen und glatt streichen. Den Kuchen im Backofen etwa 45 Minuten backen und die Stäbchenprobe machen. Bleibt kein Teig mehr am Stäbchen haften, den Kuchen herausnehmen und abkühlen lassen.

4. Für den Guss den Puderzucker mit dem Zitronensaft verrühren. Den Kuchen damit überziehen und die Glasur trocknen lassen. Anschließend den Kuchen in etwa 6 cm große Quadrate schneiden.

Arbeitszeit:
ca. 30 Minuten
Backzeit:
ca. 45 Minuten

Variante
Sie können den fertigen Kuchen nach Belieben noch mit geschmolzener Kuvertüre überziehen und mit Marzipankürbissen verzieren.

Serviertipp
Servieren Sie zu diesem feinen Kuchen Vanilleeis und Schokoladensauce.

Raffiniert

Bananen-Kokos-Flip

Für 6 Portionen

- 300 ml Bananensaft
- 50 ml Kokossirup
- 500 ml Aprikosensaft
- 300 ml Milch
- 1 Banane
- 1 EL Zitronensaft
- 3 EL bunte Zuckerstreusel
- 6 Cocktailkirschen
- Zitronenmelisseblättchen
- 6 Cocktailspießchen
- Eiswürfel nach Belieben

1. Bananensaft, Kokossirup, Aprikosensaft und Milch gründlich verrühren und etwa 2 Stunden kalt stellen.

2. Die Banane schälen, in dicke Scheiben schneiden, mit Zitronensaft beträufeln und in den Zuckerstreuseln wenden. Je 1 Bananenscheibe, 1 Cocktailkirsche und 1 Zitronenmelisseblättchen auf ein Cocktailspießchen stecken.

3. Sechs hohe Gläser mit dem Saft füllen, nach Belieben jeweils 1 bis 2 Eiswürfel hineingeben und die Spießchen auf das Glas legen.

Arbeitszeit:
ca. 15 Minuten
Kühlzeit:
ca. 2 Stunden

Gelingt leicht

Gefüllte Kalbsschnitzel

Für 6 Portionen

- 3 dicke Kalbsschnitzel
- Salz
- Pfeffer
- 125 g Mozzarella
- 1 Tomate
- 3 Scheiben magerer gekochter Schinken
- 1 Ei
- Mehl
- 50 g Cornflakes

Außerdem
- kleine Holzspießchen
- Butterschmalz zum Braten

1. Die Kalbsschnitzel waschen, trockentupfen, klopfen und halbieren. In jede Hälfte vorsichtig eine Tasche einschneiden (oder schon vom Metzger einschneiden lassen). Die Schnitzel innen leicht mit Salz und Pfeffer würzen.

2. Den Mozzarella abtropfen lassen und in 6 dünne Scheiben schneiden. Die Tomate waschen, den Stielansatz entfernen und die Tomate in Scheiben schneiden. Die Schinkenscheiben halbieren. Je 1 Mozzarella- und Tomatenscheibe in eine Schinkenhälfte einschlagen und in ein Schnitzel stecken. Die Öffnung mit einem Holzspießchen zustecken. Die Schnitzel mit Salz und Pfeffer würzen.

3. Das Ei in einem tiefen Teller verquirlen. Etwas Mehl auf einen zweiten Teller geben. Die Cornflakes fein zerbröseln und auf einen dritten Teller geben. Die Schnitzel zuerst im Mehl, dann im Ei und zum Schluss in den Cornflakes wenden. Die Panade fest andrücken. Reichlich Butterschmalz in einer Pfanne zerlassen und die Schnitzel darin bei mittlerer Hitze von beiden Seiten in etwa 15 Minuten goldbraun braten.

Zubereitungszeit:
ca. 40 Minuten

Variante
Statt Kalbsschnitzel schmecken auch Hähnchenbrustfilets oder Putenschnitzel.

Gut vorzubereiten

Zucchinischnitten

Für 8 Portionen

Für den Teig
- 1 kg mehlig kochende Kartoffeln
- 120 g Mehl
- 2 Eier
- je 1 TL getrockneter Thymian und Rosmarin
- 2 EL Olivenöl
- 1 TL Salz
- Pfeffer

Für den Belag
- 500 g Zucchini
- 2 EL Olivenöl
- 500 g Tomaten
- 1 Bund Basilikum
- 250 g Mozzarella
- 2 Knoblauchzehen
- Salz
- Pfeffer

Außerdem
- Öl für das Blech

1. Die Kartoffeln waschen und zugedeckt in wenig Wasser in etwa 25 Minuten weich garen.

2. Inzwischen für den Belag die Zucchini waschen, putzen und in kleine Würfel schneiden. Das Öl erhitzen und die Zucchiniwürfel darin unter Rühren kurz anbraten.

3. Die Tomaten mit kochendem Wasser überbrühen, häuten und würfeln. Das Basilikum waschen, trockenschwenken und die Blättchen in feine Streifen schneiden. Den Mozzarella abtropfen lassen und in Würfel schneiden.

4. Zucchini, Tomaten, Basilikum und Mozzarella mischen. Den Knoblauch schälen, durch die Presse drücken und dazugeben. Das Gemüse mit Salz und Pfeffer würzen.

5. Den Backofen auf 200 °C (Gas Stufe 3-4, Umluft 180 °C) vorheizen und ein Backblech von 30 × 40 cm einfetten.

6. Die Kartoffeln abgießen, kalt abschrecken, pellen und durch die Kartoffelpresse drücken oder mit dem Stampfer fein zerdrücken.

7. Kartoffelbrei, Mehl, Eier, Thymian, Rosmarin, Öl, Salz und Pfeffer zu einem geschmeidigen Teig verkneten, dabei eventuell noch 1 bis 2 Esslöffel Wasser zufügen.

8. Den Kartoffelteig auf dem Backblech verteilen und mit den Fingern in Form drücken. Die Zucchini-Tomaten-Mischung darauf verteilen und den Kuchen im Backofen auf der untersten Schiene etwa 40 Minuten backen.

Arbeitszeit:
ca. 1 Stunde
Backzeit:
ca. 40 Minuten

Gelingt leicht

Kartoffel-Kürbis-Suppe

Für 6 Portionen

- 2 Schalotten
- 1 Knoblauchzehe
- 1 kg Kürbis
- 2–3 Kartoffeln
- 2 EL Olivenöl
- 500 ml Gemüsebrühe
- 100 g Sahne
- 1 Bund Petersilie
- Salz
- Pfeffer
- geriebene Muskatnuss
- 1 Prise Zucker

1. Die Schalotten und den Knoblauch schälen und fein hacken. Den Kürbis schälen und das faserige Fruchtfleisch mit den Kernen entfernen. Das feste Fruchtfleisch in Würfel schneiden. Die Kartoffeln schälen, waschen und ebenfalls würfeln.

2. Das Öl erhitzen und Schalotte und Knoblauch darin andünsten. Den Kürbis und die Kartoffeln hinzufügen und kurz mitdünsten. Die Gemüsebrühe und die Sahne angießen und die Suppe zugedeckt bei schwacher Hitze etwa 20 Minuten kochen, bis die Kartoffeln und der Kürbis weich sind.

3. Inzwischen die Petersilie waschen und trockenschwenken. Die Blättchen abzupfen und fein hacken. Die Suppe mit dem Stabmixer fein pürieren, mit Salz, Pfeffer, Muskat und Zucker abschmecken und mit der Petersilie bestreuen.

Zubereitungszeit:
ca. 40 Minuten

Serviertipp
Reichen Sie zu der Suppe Toastbrotecken, die Sie mit Käse belegen und im Backofen kurz überbacken, bis der Käse schmilzt.

Einladung zum Kürbisgeisterfest

Papierkürbisse

Passend zum Kürbisgeisterfest können Sie aus orangerotem Tonpapier Kürbisse ausschneiden (auch Augen, Nase und Mund ausschneiden) und jeweils auf eine schwarze Klappkarte kleben, die Sie auf der Rückseite beschriften.

Zierkürbisse

Wenn Sie die Einladungen nicht per Post verschicken müssen, können Sie kleine Zierkürbisse übergeben, die oft nicht größer als Tennisbälle sind. An den Kürbissen befestigen Sie die Einladung, die Sie auf bunte Kärtchen geschrieben haben: Einfach in eine Ecke ein kleines Loch bohren, einen Faden hindurch ziehen und am Stiel des Kürbisses festbinden.

Deko-Tipps

Gruselkürbisse & Gespenster

Als Dekoration sind natürlich Kürbisse in allen Größen und Formen ideal. Wenn die Kinder schon etwas älter sind, können sie ihre Geisterkürbisse (unter Anleitung) natürlich auch selbst schnitzen. Besonders dekorativ wirken die Kürbisse, wenn Sie zur Dämmerung Teelichte hineinstellen. Ebenfalls schön schaurig zum Geisterfest sind große und kleine Gespenster, die Sie aus Hologramm-Folie basteln und im Raum verteilen.

Spiele zum Kürbisgeisterfest

Blätter raten (4–8 Jahre)

Machen Sie mit den Kindern einen Spaziergang, bei dem alle bunte Blätter einsammeln. Wieder daheim beginnt das Ratespiel: Welches Blatt gehört zu welchem Baum?

Tauziehen (3–8 Jahre)

Die Kinder bilden zwei gleich starke Gruppen, die gemeinsam um die Wette an einem Bett- oder Tischtuch ziehen. Wer die andere Gruppe zuerst über eine vorher markierte Mitte zieht, hat gewonnen.

Gespensterjagd (3–8 Jahre)

Stellen Sie alte Bettlaken, ausgediente Nachthemden und schwarze Tücher zur Verfügung, mit denen sich die Kinder als Gespenster verkleiden dürfen. Damit die Kinder genug sehen können, lassen Sie sie unter Ihrer Mithilfe Augenlöcher in den Stoff schneiden.
Verdunkeln Sie den Raum, zünden Sie Teelichte an (außerhalb der Reichweite der Kinder aufstellen!), schalten Sie das Licht aus und dann geht's zur Gespensterjagd! Wenn alle Gespenster gefangen sind, können Sie ihnen zum Abschluss noch eine schön gruselige Gespenstergeschichte vorlesen.

Drachenfest

Gelingt leicht

Süßer Drache

Für etwa 8 Stücke

Für den Teig
- 250 g weiche Butter
- 150 g Zucker
- 5 Eier
- 300 g Mehl
- 100 g gemahlene Haselnüsse
- 1 TL Backpulver

Für die Garnierung
- 100 g Aprikosenkonfitüre
- je 2 Mandelblättchen und 2 Korinthen (Augen)
- 1 getrocknete Feige (Füße und Nasenlöcher)
- 2 rote Fruchtgummischnüre (Mund)
- 100 g kandierte Angelika (Rückenkamm)

Außerdem
- Fett oder Backpapier für das Blech

Mit dem Süßen Drachen (Bild rechts) fällt das Drachenbezwingen selbst den ganz Kleinen nicht schwer.

1. Butter und Zucker mit den Quirlen des Handrührgerätes schaumig schlagen. Die Eier einzeln zufügen und so lange rühren, bis eine helle Creme entstanden ist. Nach und nach das Mehl, die Nüsse und das Backpulver unter den Teig rühren.

2. Den Backofen auf 200 °C (Gas Stufe 3–4, Umluft 180 °C) vorheizen und ein Backblech von 30 × 40 cm einfetten oder mit Backpapier auslegen. Den Teig darauf verteilen und glatt streichen. Den Kuchen im Backofen etwa 40 Minuten backen, herausnehmen und abkühlen lassen.

3. Eine Drachenschablone mit Rückenkamm, Schwanz und Füßen anfertigen. Mit Hilfe dieser Schablone aus dem abgekühlten Kuchen einen Drachen ausschneiden.

4. Für die Garnierung die Konfitüre durch ein Sieb streichen, mit 2 Esslöffeln Wasser glatt rühren und unter Rühren erhitzen. Den Drachen mit der heißen Konfitüre überziehen.

5. Den Drachen mit den übrigen Zutaten entsprechend ihrer Funktion garnieren. Kandierte Angelika dafür entsprechend den Rückenzacken ausschneiden.

Arbeitszeit:
ca. 40 Minuten
Backzeit:
ca. 40 Minuten

Variante
Etwas schneller geht es, wenn Sie aus der Kuchenplatte einen Flugdrachen in Form einer Raute ausschneiden und das Gesicht mit Fruchtstückchen gestalten.

Tipp

Die abgeschnittenen Kuchenreste eignen sich gut für eine Schichtspeise, Rezept siehe Seite 30.

Info

Für kandierte Angelika wird der Stängel gekocht, gezuckert und kandiert. Es gibt sie im Backregal gut sortierter Supermärkte oder in Feinkostläden.

Geht schnell

Heißer Pfirsich-Zitronen-Tee

Für 6 Portionen

- 6 Beutel Früchtetee mit Pfirsichgeschmack
- 2 unbehandelte Zitronen
- 3 EL Zucker

1. Die Teebeutel mit 1½ Liter kochendem Wasser übergießen und etwa 10 Minuten ziehen lassen. Die Zitronen waschen und trocknen. Die Schale spiralförmig ohne die weiße Innenhaut abschälen und die Zitronen auspressen.

2. Die Teebeutel entfernen. Den Tee mit dem Zucker oder nach Belieben süßen, in Teegläser gießen und mit den Zitronenschalen garnieren.

Zubereitungszeit: ca. 15 Minuten

Raffiniert

Rotgrüne Drachensuppe

Für 6 Portionen

Für den Eierstich
- 2 EL TK-Rahmspinat
- 4 Eier
- 6 EL Sahne
- Salz
- Pfeffer
- 2 TL Tomatenmark

Für die Suppe
- 1 kg mehlig kochende Kartoffeln
- 1 Zwiebel
- 2 EL Butter
- 750 ml Gemüsebrühe
- 2–3 EL Sahne
- 1 Prise geriebene Muskatnuss
- Salz
- Pfeffer

Außerdem
- Butter für die Formen
- 2 EL Schnittlauchröllchen zum Bestreuen

1. Den Backofen auf 180 °C (Gas Stufe 2–3, Umluft 160 °C) vorheizen. Eine große feuerfeste Form mit Wasser füllen und in den Backofen stellen. Den Spinat auftauen lassen. Die Eier schaumig schlagen, die Sahne unterrühren, salzen und pfeffern und die Masse halbieren. Eine Hälfte mit Tomatenmark, die andere Hälfte mit Spinat vermischen.

2. Zwei kleine längliche Formen mit Butter ausstreichen und die rote und die grüne Eiermasse getrennt einfüllen. Die Formen mit Alufolie verschließen und im Wasserbad im Backofen etwa 30 Minuten garen.

3. Inzwischen die Kartoffeln schälen, waschen und in etwa 1 cm große Würfel schneiden. Die Zwiebel schälen und fein hacken. Die Butter erhitzen und die Zwiebel darin bei schwacher Hitze glasig braten. Die Kartoffelwürfel zufügen und die Gemüsebrühe angießen. Die Suppe zugedeckt bei schwacher Hitze etwa 20 Minuten kochen.

4. Die Suppe fein pürieren. Die Sahne unterrühren und die Suppe mit Muskatnuss, Salz und Pfeffer würzen. Den Eierstich auf eine Platte stürzen und in kleine Rauten schneiden oder mit Förmchen kleine Drachen ausstechen. Jeweils einige rote und grüne Drachen auf sechs Suppenteller verteilen und die Suppe darüber schöpfen. Mit Schnittlauchröllchen bestreut servieren.

Zubereitungszeit:
ca. 40 Minuten

Variante
Statt des Eierstichs 3 Scheiben Toastbrot entrinden, in Rauten schneiden, in wenig Butter goldgelb braten und auf der Suppe verteilen.

Nicht nur Mutige genießen die Rotgrüne Drachensuppe (Bild rechts) mit Rahmspinat-Eierstich.

Gelingt leicht

Gemüse mit Knusperkruste

Für 6 Portionen

- 1 mittelgroßer Zucchino
- 1 kleine Aubergine
- 1 Kohlrabi
- 2 EL Zitronensaft
- Salz
- Pfeffer
- 100 g Mehl
- 2 Eier
- 50 g fein gehackte Mandeln
- 2 EL Semmelbrösel
- 3 EL Butterschmalz

1. Zucchino und Aubergine waschen, putzen und in etwa 1 cm dicke Scheiben schneiden. Den Kohlrabi schälen und in knapp 1 cm dicke Scheiben schneiden.

2. Das Gemüse mit dem Zitronensaft beträufeln und mit Salz und Pfeffer würzen. Das Mehl in einen tiefen Teller geben. Die Eier in einem zweiten Teller verquirlen. Mandeln und Semmelbrösel mischen.

3. Das Gemüse zuerst im Mehl, dann im Ei und zum Schluss in der Mandelmischung wenden. Das Butterschmalz erhitzen, das Gemüse darin bei mittlerer Hitze von jeder Seite in etwa 4 Minuten knusprig braten und sofort servieren.

Zubereitungszeit:
ca. 30 Minuten

Variante
Köstlich schmeckt das Gemüse auch in einem Sesammantel. Dafür das Gemüse aber nur bei schwacher Hitze braten, weil Sesam leicht verbrennt.

Serviertipp
Dazu schmecken die Joghurtsauce von Seite 39 und/oder die Tomatensauce von Seite 43.

Einladung zum Drachenfest

Drachenkarten

Schneiden Sie Drachen zum Aufklappen aus Tonkarton aus, oder kleben bzw. malen Sie kleine Drachen auf fertig gekaufte Karten. Weisen Sie bei der Einladung darauf hin, dass sich die Kinder wetterfest anziehen sollen!

Deko-Tipps

Flugdrachen in weißen Wölkchen

Schneiden Sie aus blauem Tonpapier größere und kleinere Wolken aus, und basteln Sie aus buntem Tonpapier große und kleine Drachen, die Sie zusammen mit den Wolken aufhängen.

Spiele zum Drachenfest

Drachen basteln (5–8 Jahre)

Riesenspaß macht es, wenn Sie zusammen mit den Kindern Flugdrachen aus großen Müllsäcken basteln (sogenannte Sled-Drachen; genaue Anleitungen dafür finden Sie in Drachen-Bastelbüchern). Diese Drachen sind sehr einfach zu bauen und steigen auch bei schwachem Wind.
Wenn Sie die Drachen dann im Freien steigen lassen, nehmen Sie bei kühler Witterung ausreichend heißen Früchtetee mit, damit sich die Kinder zwischendurch aufwärmen können. Bei warmem Wetter ist eine kühle Erfrischung wie Apfelsaft mit Mineralwasser willkommen.

Koffer packen (5–8 Jahre)

Alle Kinder sitzen im Kreis. Ein Kind beginnt und sagt: »Ich reise nach Amerika und packe meine Badehose ein.« Das zweite Kind wiederholt den Satz und fügt noch eine Sache hinzu, die ebenfalls in den Koffer kommt: »Ich reise nach Amerika und packe meine Badehose und meine Taucherbrille ein.« So geht es der Reihe nach weiter, bis alle Kinder dran waren. Lässt ein Kind beim Aufzählen eine Sache aus oder sagt es etwas Falsches, muss es ein Pfand geben.

Teller drehen (3–6 Jahre)

Die Kinder sitzen im Kreis auf glattem Boden und jedes Kind bestimmt, welches »Tier« es sein möchte. Ein Kind bekommt einen Plastikteller, geht in die Mitte des Kreises und lässt den Teller auf dem Boden mit viel Schwung hochkant wie einen Kreisel um die eigene Achse wirbeln. Dabei ruft das Kind den Namen eines der Tiere. Das Kind, welches das entsprechende Tier darstellt, muss versuchen, den Teller zu fassen, solange er sich noch dreht. Gelingt ihm das, darf es den Teller selbst drehen und ein anderes Tier aufrufen. Fällt der Teller aber zu Boden, muss das Kind ein Pfand geben.

Blätterreise (4–7 Jahre)

Bilden Sie zwei gleich starke Gruppen, die gegeneinander antreten. Alle Kinder bekommen Strohhalme, und jede Gruppe erhält ein kleines Blatt Papier. Das erste Kind jeder Gruppe saugt mit dem Strohhalm das Papier an. Dann wendet es sich zu dem zweiten Kind, das versucht, das Papier mit dem Strohhalm zu übernehmen. Die Gruppe, bei der das Papier zuerst beim letzten Kind angekommen ist, hat gewonnen.

Fröhliche Winterfeste

Wenn der Schnee unter den Füßen knirscht und die Sonne freundlich vom Himmel lacht, laden Sie ein zur Schneeballschlacht oder zum Schneemannbauen! Nikolaus kommt zu Besuch und mit ihm zieht ein unwiderstehlicher Duft nach Zimt und Lebkuchen durchs Haus: Da lässt es sich drinnen im Warmen gemütlich feiern.

janosch

Schneeflöckchen, Weißröckchen

Gelingt leicht

Kokosmakronen

Für etwa 40 Stück

- 4 Eiweiße
- 1 Prise Salz
- 250 g Puderzucker
- 250 g Kokosraspel
- 1 EL Zitronensaft
- 1 TL Zitronenschalenzesten
- Backpapier für das Blech

1. Die Eiweiße mit dem Salz sehr steif schlagen. Den Puderzucker langsam zugeben und rühren, bis eine feste, cremige Masse entstanden ist.

2. Die Kokosraspel, Zitronensaft und Zitronenzesten unter den Eischnee rühren. Den Backofen auf 150 °C (Gas Stufe 1) vorheizen. Ein Backblech mit Backpapier auslegen.

3. Die Kokosmasse in einen Spritzbeutel mit Sterntülle füllen und kleine Tupfen auf das Backpapier spritzen. Die Kokosmakronen im heißen Backofen in etwa 20 Minuten mehr trocknen als backen.

Arbeitszeit:
ca. 25 Minuten
Backzeit:
ca. 20 Minuten

Gut vorzubereiten

Orangencreme

Für 6 Portionen

- 5 Blatt Gelatine
- 800 g Sahne
- ½ TL gemahlene Vanille
- 210 g Zucker
- Saft und abgeriebene Schale von 1 unbehandelten Orange
- 1 EL Speisestärke
- 400 ml Kokosmilch
- 1 Eigelb
- Orangenzesten
- geröstete Kokosraspel
- Zitronenmelisseblättchen

Naschereien wie Kokosmakronen (Bild Seite 68/69) und Orangencreme (Bild rechts) schmecken nicht nur Kindern.

1. Die Gelatine in kaltem Wasser einweichen. 600 Gramm Sahne, Vanille, 150 Gramm Zucker, Orangensaft und -schale 1 bis 2 Minuten kochen, vom Herd nehmen. Die Gelatine ausdrücken und in der heißen Sahne auflösen. Die Creme unter Rühren etwas abkühlen lassen und etwa 1 Stunde in den Kühlschrank stellen. Die restliche Sahne steif schlagen und portionsweise unter die Creme heben. Zugedeckt weitere 4 bis 5 Stunden kalt stellen.

2. Für die Sauce die Speisestärke mit 50 Milliliter Kokosmilch verrühren. Die restliche Kokosmilch mit dem übrigen Zucker zum Kochen bringen. Die angerührte Speisestärke einrühren und alles nochmals aufkochen.

3. Die Mischung vom Herd nehmen, das Eigelb unterrühren. Die Sauce nochmals kurz erhitzen, aber nicht mehr kochen lassen. Bis zum Servieren kalt stellen. Die Creme mit Sauce übergießen und mit Orangenzesten, Kokosraspeln und Zitronenmelisse garnieren.

Arbeitszeit:
ca. 30 Minuten
Kühlzeit:
ca. 6 Stunden

Gelingt leicht

Gemüsetortilla

Für 6 Portionen

- 100 g Maiskörner (aus der Dose)
- 100 g TK-Erbsen
- 1 kleiner Zucchino
- 1 rote Paprikaschote
- 1 Bund Frühlingszwiebeln
- 1 Knoblauchzehe
- 1 EL Olivenöl
- Salz
- Pfeffer
- 4 Eier
- 2 EL Sahne
- Fett und Semmelbrösel für die Form
- Holzspießchen

Gesunder Knabberspaß: die Gemüsetortilla (Bild rechts).

1. Die Maiskörner abtropfen, die Erbsen auftauen lassen. Den Zucchino und die Paprikaschote waschen, putzen und fein würfeln. Die Frühlingszwiebeln waschen, putzen und in feine Ringe schneiden. Den Knoblauch schälen und fein hacken.

2. Eine ofenfeste Form von etwa 20 × 30 cm einfetten und mit Semmelbröseln ausstreuen. Den Backofen auf 180 °C (Gas Stufe 2–3, Umluft 160 °C) vorheizen.

3. Das Öl erhitzen und Frühlingszwiebeln und Knoblauch darin glasig braten. Das restliche Gemüse mischen, zufügen und alles etwa 5 Minuten bei mittlerer Hitze garen. Die Gemüsemischung mit Salz und Pfeffer würzen und etwas abkühlen lassen.

4. Die Eier mit der Sahne verquirlen und mit Salz und Pfeffer würzen. Die Gemüsemischung unterrühren und die Masse in die Form gießen. Die Tortilla im Backofen etwa 20 Minuten backen, herausnehmen und in Würfel schneiden. In jeden Würfel ein Holzspießchen stecken.

Arbeitszeit:
ca. 30 Minuten
Backzeit:
ca. 20 Minuten

Gelingt leicht

Weißrote Schnitzel

Für 6 Portionen

- 3 EL Olivenöl
- Salz
- Pfeffer
- 1 EL fein gehacktes Basilikum
- 1 TL Thymianblättchen
- 1 Knoblauchzehe
- 100 g Kirschtomaten
- 3 Putenschnitzel
- 125 g Mozzarella

1. 2 Esslöffel Öl mit Salz und Pfeffer verrühren. Die Kräuter dazugeben und unterrühren. Den Knoblauch schälen, durch die Presse dazudrücken.

2. Den Backofen auf 180 °C (Gas Stufe 2–3, Umluft 160 °C) vorheizen. Die Tomaten waschen, in Scheiben schneiden.

3. Das restliche Öl erhitzen. Die Schnitzel halbieren und kurz von beiden Seiten anbraten. Das Fleisch mit Salz und Pfeffer würzen und in eine ofenfeste Form legen.

4. Den Mozzarella in 6 Scheiben schneiden. Die Putenschnitzel mit den Tomaten- und Mozzarellascheiben belegen, mit dem Kräuteröl beträufeln und im Backofen etwa 20 Minuten überbacken.

Zubereitungszeit:
ca. 40 Minuten

Einladung zum Schneeflöckchenfest

Papierschneemänner und Schlitten

Basteln Sie aus weißem Tonpapier Schneemänner zum Aufklappen. Aus orangerotem Tonpapier werden die Nasen, aus schwarzem Tonpapier werden die Augen und die Zylinder ausgeschnitten. Auch Schlitten, die Sie auf gekaufte Karten kleben, wirken reizvoll.

Eiskristalle

Hübsch sieht es aus, wenn Sie jede Einladungskarte mit einem zarten Eiskristall verzieren. Dafür ein quadratisches Stück silbernes Alubastelpapier zur Hälfte falten und die Hälfte erneut falten. Das so entstandene Quadrat noch einmal diagonal falten. In die geschlossenen Seiten kleine Dreiecke oder Halbkreise schneiden und die offenen Seiten so einschneiden, dass feine Sternspitzen entstehen. Das Blatt wieder auffalten und auf eine dunkelfarbige Karte kleben.

Schneezweige

Gut in die Winterzeit passen auch folgende Einladungskarten, die ganz leicht zu basteln sind: Einfach Karten aus rotem Tonpapier verzieren, indem Sie auf die Vorderseite einen frischen, grünen Tannenzweig kleben. Den Zweig besprühen Sie zuvor noch mit etwas weißer (oder auch silberner) Farbe. Entsprechende Farbsprays können Sie in Bastelgeschäften kaufen.

Deko-Tipps

Watteflöckchen am Sternenhimmel

Verteilen Sie viele zarte weiße Wattebällchen als Schneeflocken. Sie können auf dem Tisch liegen, an der Wand hängen oder an einem Bindfaden einzeln oder in kleinen Gruppen von der Decke baumeln. Auf die gleiche Weise lässt sich das Zimmer auch mit großen und kleinen Eiskristallen (siehe linke Spalte), Monden und Sternen winterlich dekorieren.

Marzipanschneemänner

Aus Marzipan können Sie kleine Schneemänner formen, denen Sie dann nur noch einen schwarzen Zylinder aus Tonpapier aufzusetzen brauchen. Als Augen dienen Liebesperlen, Nase und Mund können Sie aus mit Lebensmittelfarben getöntem Marzipan formen und »ankleben«.

Schnee-Glitzer-Kugeln

Nehmen Sie Wattekugeln in unterschiedlichen Größen. Bestreichen Sie die Kugeln mit Tapetenkleister und rollen Sie sie in weißem Glitter. Die Kugeln zum Trocknen auf Holzspieße oder Stricknadeln stecken und diese in ein Glas stellen.

Spiele zum Schneeflöckchenfest

Schneemann bauen (3-8 Jahre)

Wenn draußen Schnee liegt und es das Wetter erlaubt, können Sie die Kinder in zwei Gruppen aufteilen und einen Wettbewerb für den größten Schneemann veranstalten.
Aber auch drinnen lassen sich »Schneemänner« bauen, für die Sie je zwei Bettlaken, Kissen, Schnüre, Besen, Zylinder oder Hüte brauchen. Dann werden die Kinder in zwei Gruppen geteilt. Zwei Kinder stellen sich als Schneemänner zur Verfügung und werden von den anderen Kindern nach allen Regeln der Kunst zu Schneemännern umgestaltet. Die Gruppe, deren Schneemann zuerst fertig ist, hat gewonnen.

Schneeflocken tragen (3-8 Jahre)

Alle Kinder bekommen einen Löffel, auf dem ein Wattebausch liegt. Die Kinder tragen nun den Wattebausch auf dem Löffel zu einem bestimmten Punkt, ohne die Watte dabei festzuhalten. Wer seinen Wattebausch verliert, muss ausscheiden. Wer zuerst sicher ans Ziel gelangt, ist Sieger und darf beim nächsten Spiel beginnen.

Berufe raten (5-8 Jahre)

Die Kinder sitzen im Kreis. Jedes Kind bekommt von seinem linken Nachbarn ins Ohr gesagt, was es werden soll. Der rechte Nachbar sagt ihm, warum er es werden soll (er weiß aber nicht, was das erste Kind gesagt hat). Das Kind fügt die beiden Aussagen zusammen. Meistens kommt etwas sehr Spaßiges dabei heraus.

Testament machen (Pfand auslösen; 4-8 Jahre)

Der Besitzer eines Pfandes muss den Kopf in den Schoß eines Mitspielers legen und die Augen zuhalten. Er wird gefragt: »Wem vermachst du das?« Der Sprecher deutet durch Gesten oder Mimik ein Streicheln, einen Kuss, einen Klaps oder Ähnliches an. Der Pfandbesitzer muss das Gezeigte anschließend bei den von ihm genannten Mitspielern einlösen. Dieses Spiel macht natürlich auch dann Spaß, wenn man kein Pfand auslösen muss.

Topfschlagen (3-6 Jahre)

Wer die höchste Zahl würfelt, verlässt den Raum, während Sie mit den anderen Kindern auf dem Boden einen Topf verstecken, unter den Sie ein kleines Geschenk (z. B. eine kleine Packung Gummibärchen) legen. Nun verbinden Sie dem Kind vor der Tür die Augen, führen es herein und geben ihm einen Kochlöffel. Das Kind krabbelt auf allen Vieren und klopft mit dem Kochlöffel die Umgebung ab, bis es an den Topf stößt und damit das Geschenk erhält. Die anderen Kinder dürfen es bei der Suche mit den Worten »warm« bzw. »kalt« unterstützen. Danach wechseln Sie solange ab, bis alle Kinder an der Reihe waren.

Bald ist Nikolaus

Braucht etwas Zeit

Lebkuchenstiefel

Für 6 Stück

- 250 g Mehl
- 250 g Dinkelmehl
- 200 g gemahlene Mandeln
- 1 Päckchen Backpulver
- 1 Päckchen Lebkuchengewürz
- je 50 g Orangeat und Zitronat
- 125 g Butter
- 200 g Kunsthonig
- 100 g Zucker
- 2 Eier
- 1 EL Milch
- 100 g Puderzucker
- 1–2 EL Zitronensaft
- Backpapier für das Blech
- Mehl zum Ausrollen
- halbierte Mandeln und Smarties zum Verzieren

1. Mehl, Mandeln, Backpulver, Lebkuchengewürz, Orangeat und Zitronat vermischen. Butter, Honig und Zucker bei schwacher Hitze schmelzen, lauwarm abkühlen lassen.

2. 1 Ei trennen und das Eigelb mit der Milch verquirlen. Das Eiweiß und das restliche Ei schaumig rühren und mit der Butter-Honig-Mischung zum Mehl geben. Alles zu einem geschmeidigen Teig verkneten, 1 Stunde ruhen lassen.

3. Inzwischen aus Papier eine Stiefel-Schablone ausschneiden. Ein Blech mit Backpapier auslegen und den Backofen auf 200 °C (Gas Stufe 3–4, Umluft 180 °C) vorheizen.

4. Den Teig auf wenig Mehl nicht zu dünn ausrollen und 6 Stiefel ausschneiden, diese auf das Blech legen und mit der Eigelb-Milch-Mischung bestreichen. Im Backofen etwa 15 Minuten backen, herausnehmen und abkühlen lassen.

5. Den Puderzucker mit dem Zitronensaft verrühren. Die Stiefel damit bestreichen und nach Belieben mit halbierten Mandeln und bunten Smarties verzieren.

Arbeitszeit:
ca. 30 Minuten
Ruhezeit:
1 Stunde
Backzeit:
ca. 15 Minuten

Geht schnell

Schokotrunk mit Haube

Für 8 Portionen

- 200 g Zartbitterschokolade
- 1 ½ l Milch
- 200 g Sahne
- etwas Zimtpulver

Zum Advent: Lebkuchenstiefel (Bild rechts, vorne) und Schokotrunk (Bild rechts, hinten).

1. Die Schokolade zerkleinern und zusammen mit der Milch langsam erhitzen, bis sie geschmolzen ist.

2. Die Sahne steif schlagen und in einen Spritzbeutel mit Sterntülle füllen. Den Schokotrunk auf acht Becher verteilen und die Sahne in Rosetten darauf spritzen. Den Schokotrunk mit etwas Zimt bestäubt servieren.

Zubereitungszeit:
ca. 10 Minuten

Einladung
zum
Nikolausfest.
6. Dezember

Gelingt leicht

Bratäpfel mit Vanillesauce

Für 6 Portionen

Für die Bratäpfel
- 150 ml naturtrüber Apfelsaft
- 50 g Honig
- 50 g Butter
- 6 feste, säuerliche Äpfel (z. B. Boskoop)
- 2 EL Aprikosenkonfitüre
- 100 g Marzipanrohmasse
- 1 EL Zitronensaft
- 2 EL gehackte Mandeln

Für die Sauce
- 1 Päckchen Vanillesaucenpulver
- 500 ml Milch
- 2–3 EL Zucker
- 1 Ei

Außerdem
- Butter für die Form und für die Äpfel

1. Apfelsaft, Honig und Butter zum Kochen bringen und bei schwacher Hitze unter häufigem Rühren etwa 5 Minuten kochen.

2. Den Backofen auf 180 °C (Gas Stufe 2–3, Umluft 160 °C) vorheizen und eine ofenfeste Form mit Butter ausstreichen.

3. Die Äpfel waschen, trocknen und die Kerngehäuse mit einem Apfelausstecher herauslösen. Die Äpfel dicht an dicht in die Form setzen und mit der Apfelsaftmischung beträufeln.

4. Aprikosenkonfitüre, Marzipanrohmasse, Zitronensaft und die gehackten Mandeln vermengen und die Äpfel damit füllen. Die Äpfel mit Butterflöckchen belegen und im Backofen etwa 40 Minuten backen, bis sie weich sind.

5. Inzwischen für die Sauce das Vanillesaucenpulver nach Packungsanweisung mit etwas kalter Milch anrühren. Die restliche Milch mit dem Zucker zum Kochen bringen. Das Vanillesaucenpulver einrühren, einmal kurz aufkochen lassen und die Vanillesauce vom Herd nehmen.

6. Das Ei trennen und das Eigelb in die Vanillesauce rühren. Die Sauce unter Rühren nochmals kurz erhitzen, aber nicht mehr kochen, und lauwarm abkühlen lassen. Das Eiweiß zu steifem Schnee schlagen und unterheben. Die Vanillesauce getrennt zu den Bratäpfeln reichen.

Arbeitszeit:
ca. 30 Minuten
Backzeit:
ca. 40 Minuten

Gelingt leicht

Pikanter Blechkuchen

Für etwa 10 Stücke

- 250 g Knödelbrot
- 2 Möhren
- 3 Frühlingszwiebeln
- 1 Knoblauchzehe
- 1 Stange Sellerie
- 1 rote Paprikaschote
- 1 Bund Petersilie
- 3 EL Öl
- 500 g Putenschnitzel
- 300 g Rinderhack
- 2 Eier
- 100 g Quark
- 100 g Pinienkerne
- Salz
- Pfeffer

Außerdem

- Butter und Semmelbrösel für die Form

1. Das Knödelbrot mit 200 Milliliter Wasser übergießen und zugedeckt quellen lassen. Die Möhren schälen und fein raspeln. Die Frühlingszwiebeln waschen, putzen und mit dem Grün in feine Ringe schneiden. Den Knoblauch schälen und durch die Presse drücken. Den Sellerie waschen, putzen und in feine Scheiben schneiden. Die Paprikaschote waschen, putzen und klein würfeln. Die Petersilie waschen, trockenschwenken und die Blättchen fein hacken.

2. Das Öl erhitzen. Möhren, Frühlingszwiebeln, Knoblauch, Sellerie, Paprika und Petersilie darin unter Rühren etwa 5 Minuten dünsten und abkühlen lassen. Den Backofen auf 180 °C (Gas Stufe 2–3, Umluft 160 °C) vorheizen.

3. Die Schnitzel waschen, trockentupfen, durch die feine Scheibe des Fleischwolfs drehen und mit Rinderhack, Eiern, Quark und dem ausgedrückten Knödelbrot vermengen. Das Gemüse und die Pinienkerne untermischen und alles mit Salz und Pfeffer kräftig würzen.

4. Ein Backblech von 40 × 30 cm mit Butter ausstreichen und mit Semmelbröseln ausstreuen. Den Fleischteig einfüllen, glatt streichen und im Backofen auf der untersten Schiene etwa 1 Stunde backen. Den fertigen Kuchen aus dem Backofen nehmen, etwa 10 Minuten ruhen lassen, stürzen und in Quadrate, Rauten oder Dreiecke schneiden.

Arbeitszeit:
ca. 30 Minuten
Backzeit:
ca. 1 Stunde

Variante

Putenschnitzel und Rinderhack können Sie durch gemischtes Hackfleisch ersetzen.

Serviertipp

Dazu passt der Bunte Kartoffelsalat von Seite 44.

Raffiniert

Schnelle Käseschnecken

Für 6–8 Portionen

- 30 g Butter
- 50 g Walnusskerne
- 150 g geriebener Gouda
- 50 g Mascarpone
- 100 g Ricotta
- 1 Ei
- 2 EL Sahne
- Salz
- Pfeffer
- 1 Prise geriebene Muskatnuss
- 100 g Fertig-Strudelteig
- 4 Scheiben gekochter Schinken

Außerdem
- Backpapier für das Blech

1. Den Backofen auf 200 °C (Gas Stufe 3–4, Umluft 180 °C) vorheizen und ein Backblech mit Backpapier auslegen. Die Butter zerlassen. Die Nüsse hacken und in einer Pfanne unter Rühren hellgelb rösten. Gouda, Mascarpone, Ricotta, Ei und Sahne verrühren und mit Salz, Pfeffer und Muskatnuss würzen.

2. Das Strudelteigblatt auf einem feuchten Küchentuch auslegen und mit etwas zerlassener Butter bestreichen. Mit dem Schinken belegen und mit der Käsemasse bestreichen.

3. Das Teigblatt mit Hilfe des Küchentuches aufrollen und mit der Nahtseite nach unten auf das Backblech legen. Die Enden zusammendrücken und den Strudel mit der restlichen Butter bestreichen. Den Strudel im Backofen auf der untersten Schiene etwa 30 Minuten backen, noch warm in Scheiben schneiden und zu Salat und Joghurt-Kräuter-Dip (Seite 39) servieren.

Arbeitszeit:
ca. 20 Minuten
Backzeit:
ca. 30 Minuten

Tipp

Sie sparen Fett, wenn Sie Milch statt Sahne und Quark statt Mascarpone nehmen.

Einladung zum Nikolausfest

Nikolausstiefel

Schneiden Sie aus rotem oder braunem Tonkarton gleich große Stiefel aus, und kleben Sie jeweils zwei Stiefel an den Rändern zusammen. Lassen Sie die Oberkante aber offen, so dass Sie ein Päckchen hineinstecken können. Dann schneiden Sie aus andersfarbigem Tonpapier Rechtecke als Päckchen aus, schreiben die Einladung darauf und stecken die Päckchen so in die Stiefel, dass sie oben etwas herausschauen. Die Stiefel können Sie nach Belieben noch mit Tonpapier oder etwas Watte verzieren.

Lebkuchenfreude

Eine besondere Vorfreude auf das Nikolausfest bereiten Sie Ihren kleinen Gästen, wenn Sie echte Schokoladenlebkuchen überreichen, in denen jeweils ein Fähnchen mit der Einladung steckt. Etwas aufwendiger ist es, wenn Sie die Einladung mit Zuckerguss direkt auf die Lebkuchen schreiben.

Deko-Tipps

Stiefel, Duft & Kerzenschein

Dekorieren Sie den Raum mit Papierstiefeln oder hängen Sie bunte Socken auf eine Leine. Auf dem Tisch und auf den Fenstersimsen verteilen Sie Mandarinen und Nüsse. Dazwischen stellen Sie dicke Kerzen, die Sie unten mit Jutesäckchen umwickeln. Die Kerzen aber nicht unbeaufsichtigt brennen lassen.

Spiele zum Nikolausfest

Schokolade auspacken (3-8 Jahre)

Wickeln Sie eine Tafel Schokolade fest in Packpapier ein und verschnüren Sie das Päckchen mit Paketschnur. Legen Sie einen Würfel, Mütze, Schal und Handschuhe sowie Messer und Gabel bereit. Wer zuerst eine Sechs würfelt, darf beginnen: Er muss Mütze, Schal und Handschuhe anziehen und mit Hilfe von Messer und Gabel versuchen, die Schokolade auszupacken und davon zu essen.
Inzwischen würfeln die anderen Kinder weiter. Sobald ein Kind eine Sechs würfelt, muss das erste Kind sofort mit dem Auspacken aufhören, und das andere Kind darf weitermachen, während die übrigen Kinder weiterwürfeln. Übrigens: Auch die Schokolade muss mit Messer und Gabel gegessen werden.

Zungenbrecher (3-8 Jahre)

Alle Kinder sitzen im Kreis. Ein Küchenwecker wird auf 1 bis 2 Minuten gestellt. Ein Kind nimmt den Wecker in die Hand und sagt einen zuvor ausgewählten, schwierigen Satz, beispielsweise »Brautkleid bleibt Brautkleid bleibt Brautkleid« oder »Fischers Fritz fischt frische Fische«. Für kleinere Kinder wählen Sie einfach ein komplizierteres Wort, etwa »Donaudampfschifffahrtskapitän«. Hat das Kind den Satz oder das Wort fehlerfrei gesagt, gibt es den Wecker an das nächste Kind weiter, das nun seinerseits keinen Fehler beim Aufsagen machen darf, bevor es den Wecker weitergeben kann – andernfalls muss es von vorn anfangen. Ausscheiden muss das Kind, bei dem der Wecker klingelt.

Ausgelassene Geburtstagsparty

Endlich wieder ein Jahr älter! Machen Sie aus diesem für Kinder wichtigen Tag etwas ganz Besonderes: mit witzigen Kuchen, schnellen pikanten Snacks, originellen Dekorationen und kurzweiligen Spielen! Mit den Ideen in diesem Kapitel wird Ihnen das ohne Mühe gelingen.

Gelingt leicht

Rallyetorte

Für etwa 12 Stücke

Für den Teig
- 200 g Butter
- 100 g Zucker
- 4 Eier
- 1 reife Banane
- 100 g gemahlene Mandeln
- 1 TL gemahlene Vanille
- 2 TL Zimtpulver
- 300 g Mehl
- 2 TL Backpulver
- 100 ml Bananensaft
- 100 g Schokotröpfchen

Für den Guss
- 150 g Puderzucker
- 2 EL Zitronensaft

Außerdem
- Backpapier für das Blech
- festes Papier für die Schablone
- kleine Spielzeugautos

Mit der Rallyetorte (Bild Seite 82/83) landen Sie bei Ihrem Geburtstagskind garantiert einen Volltreffer.

1. Den Backofen auf 180 °C (Gas Stufe 2–3, Umluft 160 °C) vorheizen und ein Backblech von 30 × 40 cm mit Backpapier auslegen. Butter und Zucker mit den Quirlen des Handrührgerätes schaumig rühren und die Eier nach und nach zugeben.

2. Die Banane schälen und fein zerdrücken. Bananenmus, Mandeln, Vanille und Zimt unter die Butter-Zucker-Masse rühren. Das Mehl mit dem Backpulver mischen und ebenfalls unterrühren. Den Bananensaft und die Schokotröpfchen unter den Teig heben. Den Teig auf dem Backblech verteilen und glatt streichen. Den Kuchen im Backofen etwa 30 Minuten backen, herausnehmen und abkühlen lassen.

3. Aus Papier eine Acht ausschneiden. Die Schablone auf den Kuchen legen und die Zahl mit einem scharfen Messer ausschneiden (die Kuchenreste für ein Dessert aufbewahren).

4. Für die Glasur den Puderzucker mit dem Zitronensaft verrühren. Die Kuchenoberfläche dick damit bestreichen und die Glasur trocknen lassen. Den Kuchen mit den Spielzeugautos (für jedes Kind ein Auto) dekorieren.

Arbeitszeit:
ca. 30 Minuten
Backzeit:
ca. 30 Minuten

Varianten
- Noch saftiger wird der Kuchen, wenn Sie 250 Gramm abgetropfte, entsteinte Sauerkirschen aus dem Glas unter den Teig mischen (dann aber den Bananensaft durch Kirschsaft ersetzen).
- Auch sehr klein gewürfelte Birnen oder Äpfel schmecken gut (in diesem Fall anstelle des Bananensafts Apfel- oder Birnensaft nehmen).

Tipp

Wenn Sie Kuchenabfälle vermeiden möchten, zeichnen Sie die Zahl einfach mit flüssiger Kuvertüre auf den Kuchen. Dann markieren Sie die Fahrbahn für die Autos mit Zuckerguss und stellen die Autos auf die Rennstrecke. Das restliche Kuchenstück können Sie nach Belieben verzieren.

Gut vorzubereiten

Traumcreme mit Mäusen

Für 6 Portionen

- 250 g weiße Schokolade
- 250 g Sahne
- 300 ml Schokosauce (Fertigprodukt)
- weiße Schaummäuse
- 2 EL gehackte Pistazien
- Zitronenmelisseblättchen

1. Die Schokolade zerkleinern und zusammen mit der Sahne langsam erhitzen, bis sie völlig aufgelöst ist. Die Schokosahne etwas abkühlen lassen, in eine hohe Rührschüssel geben und etwa 2 Stunden kalt stellen.

2. Die Schokosahne mit den Quirlen des Handrührgeräts cremig aufschlagen. Auf sechs Dessertteller jeweils etwas von der Schokoladensauce geben. Von der Schokosahne kleine Nocken abstechen und die Nocken auf die Schokosauce setzen. Die Teller mit weißen Schaummäusen, Pistazien und Melisseblättchen garnieren.

Arbeitszeit:
ca. 15 Minuten
Kühlzeit:
ca. 2 Stunden

Variante
Zusätzlich 2 Eiweiße mit 1 Teelöffel Zitronensaft steif schlagen. Den Eischnee unter die Schokosahne heben und wie beschrieben kleine Nocken abstechen.

Raffiniert

Bunter Eisclown

Für 6 Portionen

- 75 g Kuvertüre
- 6 Eiswaffeltüten
- 50 g Puderzucker
- Smarties
- 6 runde Schokoladenkekse
- 300 ml Vanille- oder Erdbeereis
- Fruchtgummistücke

Außerdem
- Backpapier

1. Die Kuvertüre im Wasserbad schmelzen. Die Eiswaffeltüten mit der Öffnung in die Kuvertüre tauchen und auf Backpapier trocknen lassen.

2. Den Puderzucker mit 1 Teelöffel Wasser verrühren. Mit dem Guss jeweils 1 Smartie als Hutquaste auf die Waffeltüten kleben und trocknen lassen.

3. Jeweils 1 Keks auf einen Dessertteller legen. Von dem Eis 6 Kugeln abstechen und je 1 Kugel auf die Kekse setzen. Den Eiskugeln mit Smarties und Fruchtgummi ein Gesicht geben, die Waffeltüten (Smartie nach vorn) als Hut aufsetzen und sofort servieren.

Zubereitungszeit:
ca. 20 Minuten

Variante
Nach Belieben können Sie um die Eiskugeln eine Halskrause mit etwas steif geschlagener Sahne aufspritzen und mit Zuckerstreuseln bestreuen.

Gut vorzubereiten

Barbietorte

Für eine Herzform von 750 ml Inhalt

- 1 unbehandelte Zitrone
- 5 Eier
- 100 g Zucker
- 1 Prise Salz
- 150 g Mehl
- 2 EL Speisestärke
- 4 EL Kakaopulver
- 4 Blatt Gelatine
- 300 g Erdbeeren
- 150 g Quark
- 50 g Zucker
- 200 g Sahne

Außerdem
- Backpapier und Fett für die Form
- Fruchtgummiherzen oder Zuckergussröschen zum Verzieren

Zur Feier kleiner Prinzessinnen passt die romantische Barbietorte (Bild rechts).

1. Den Backofen auf 180 °C (Gas Stufe 2–3, Umluft 160 °C) vorheizen. Eine herzförmige Backform von 1 ½ Liter Inhalt einfetten, mit Backpapier auslegen und das Papier ebenfalls einfetten. Die Zitrone heiß abwaschen und trockenreiben. Die Schale fein abreiben.

2. Die Eier trennen. Die Eigelbe mit dem Zucker und 3 Esslöffeln Wasser schaumig rühren. Die Eiweiße mit dem Salz zu steifem Schnee schlagen und den Eischnee auf die Eigelbcreme geben. Mehl, Speisestärke und Kakao mischen und darüber sieben. Die Zitronenschale darauf streuen und alles locker zu einem Teig vermischen.

3. Den Teig in die Form füllen und glatt streichen. Den Biskuit im Backofen etwa 30 Minuten backen, herausnehmen und am besten über Nacht abkühlen lassen (so lässt sich der Biskuit besser schneiden).

4. Die Gelatine in kaltem Wasser einweichen. Die Erdbeeren kurz abbrausen und putzen. Die Früchte zusammen mit dem Quark und dem Zucker im Mixer pürieren, bis sich der Zucker aufgelöst hat. Die abgeriebene Zitrone auspressen.

5. Die Gelatine tropfnass in einen Topf geben, bei schwacher Hitze auflösen und mit 1 Esslöffel Zitronensaft unter die Erdbeercreme rühren. Die Sahne steif schlagen und unterheben. Die Creme etwa 30 Minuten kalt stellen.

6. Das Biskuitherz aus der Form lösen und einmal quer durchschneiden. Den Biskuitboden mit einem Drittel der Erdbeercreme bestreichen. Die obere Biskuithälfte darauf setzen und das Herz mit der restlichen Creme bestreichen.

7. Die Torte nach Belieben mit Fruchtgummiherzen oder Zuckergussröschen verzieren und 4 bis 5 Stunden in den Kühlschrank stellen.

Arbeitszeit:
ca. 40 Minuten
Backzeit:
ca. 30 Minuten
Ruhezeit:
über Nacht
Kühlzeit:
ca. 5 Stunden

Tipp

Wenn Sie zum Geburtstag eine Barbie verschenken, können Sie die Puppe auf einer großen Backoblate in die Mitte der Torte stellen.

Gelingt leicht

Bunte Toastecken

Für 6 Portionen

- 12 Scheiben Vollkorntoast
- 50 g weiche Butter
- 1 große Fleischtomate
- 3 große Champignons
- 1 TL Zitronensaft
- 125 g Mozzarella
- 2 Scheiben Lyoner
- 1 Bund Schnittlauch
- 2 Eier
- 1 EL Sahne
- Salz
- Pfeffer
- 3 Scheiben gekochter Schinken
- 6 Scheiben Gouda

Außerdem
- Basilikumblättchen zum Garnieren

1. Die Toastscheiben dünn mit 40 Gramm Butter bestreichen. Die Tomate waschen, trocknen, den Stielansatz entfernen und die Tomate in Scheiben schneiden. Die Champignons putzen, in dünne Scheiben schneiden und mit dem Zitronensaft beträufeln.

2. Den Mozzarella abtropfen lassen und in Scheiben schneiden. Die Lyoner klein würfeln. Den Schnittlauch waschen, trockenschwenken und in Röllchen schneiden. Die Eier mit der Sahne verquirlen, mit Salz und Pfeffer würzen und die Hälfte des Schnittlauchs unterrühren.

3. Den Backofengrill vorheizen. Die Schinkenscheiben halbieren. 6 Brotscheiben jeweils mit 1 Schinken-, 1 Tomaten- und 1 Mozzarellascheibe belegen. Die restlichen Brote mit Champignons und Gouda belegen. Die Brote unter dem Grill etwa 5 Minuten überbacken.

4. Inzwischen die restliche Butter zerlassen und die Eiermasse darin unter Rühren stocken lassen. Das Rührei auf den Käse-Champignon-Toasts verteilen und mit dem restlichen Schnittlauch bestreuen. Die Schinkenbrote mit Basilikumblättchen garnieren.

Zubereitungszeit:
ca. 30 Minuten

Serviertipp
Schneiden Sie die Toastbrote diagonal in kleine Dreiecke, dann können die Kinder die Häppchen ohne Besteck essen.

Variante
Bei Kindern ebenfalls sehr beliebt sind Toastecken mit einer leckeren Quark-Käse-Creme: Dafür 60 Gramm weiche Butter, 125 Gramm Quark, 100 Gramm gewürfelten Schinken, 2 Esslöffel Schnittlauchröllchen und 100 Gramm geriebenen Emmentaler gut verrühren. Die Toastecken mit der Creme bestreichen und im heißen Backofen etwa 10 Minuten überbacken.

Bunte Toastecken (Bild rechts, Mitte) sind nicht nur für die Kleinen ein willkommener Imbiss.

Gelingt leicht

Knusperwürstchen

Für 6 Portionen

- 5 EL Erdnussbutter mit Stücken
- 1 EL süße Sojasauce
- 9 Scheiben Vollkorntoastbrot
- 18 Cocktailwürstchen (etwa 8 cm lang, oder 9 geviertelte Wiener Würstchen)
- 50 g Butter

Außerdem
- Backpapier für das Blech
- 18 Holzspießchen
- Tomatenketchup, Tomatensauce oder Mayonnaise zum Servieren

1. Den Backofen auf 200 °C (Gas Stufe 3–4, Umluft 180 °C) vorheizen. Ein Backblech mit Backpapier auslegen.

2. Die Erdnussbutter mit der Sojasauce verrühren. Von den Toastbroten die Rinde abschneiden. Die Brotscheiben mit der Erdnussbuttermischung bestreichen und diagonal in vier Dreiecke teilen.

3. Die Würstchen mit einem Holzspieß mehrmals einstechen. Je 1 Würstchen auf ein Toastdreieck legen. Mit einem zweiten Dreieck abdecken und mit den Spießchen fest stecken.

4. Die Butter zerlassen und die Brotdreiecke damit bestreichen. Die Brote im Backofen etwa 8 Minuten backen und zusammen mit Tomatenketchup, Tomatensauce oder Mayonnaise servieren.

Arbeitszeit:
ca. 15 Minuten
Backzeit:
ca. 8 Minuten

Die knackigen Knusperwürstchen (Bild Seite 89, außen) stehen bei Kindern ganz hoch im Kurs.

Einladung zur Geburtstagsparty

Fotogrüße

Fotokopieren Sie ein Foto des Geburtstagskindes für jede Einladung einmal, und kleben Sie die Bilder auf Faltkarten, auf die Sie die Einladung schreiben.
Sie können das Foto aber auch vergrößern, vervielfältigen und den Einladungstext wie einen Steckbrief gestalten. Die Einladungen verschicken Sie dann in großen Kuverts, oder Sie heften sie mit Tesastreifen an die Wohnungstür der eingeladenen Gäste.

Zahlenmagie

Sie können auch das Alter des Geburtstagskindes als Aufhänger nehmen, also beispielsweise aus Karton eine Drei ausschneiden, oder Sie verwenden Symbole: Wenn das Kind fünf Jahre alt wird, kann es seine Hand auf farbigen Karton zeichnen und ausschneiden. Ein Würfel zeigt sechs Augen, auf einer Wiese blühen drei Blumen etc.

Bunte Luftballons

Mit Luftballonkarten liegen Sie bei Kindern immer richtig. Dafür binden Sie unaufgeblasene bunte Luftballons mit einem Stück Schnur ab und kleben sie auf farbige Karten aus Tonpapier. Die Karten beschriften Sie mit einem dicken Filzstift. Persönlich überreichen müssen Sie Luftballons, die Sie aufgeblasen und dann mit einem wasser- und wischfesten Stift beschriftet haben.

Deko-Tipps

Geburtstagskind überall

Hängen Sie vergrößerte Fotokopien von Bildern des Geburtstagskindes zusammen mit vielen bunten Luftballons an Decke, Lampen und Wände.

Sternzeichenkarten

Schneiden Sie aus Tonkarton das Sternzeichensymbol oder die Jahreszahl des Kindes mehrfach in verschiedenen Farben aus und dekorieren Sie damit Wände und Zimmerdecke.
Vielleicht können Sie auch die Sternzeichen der geladenen Kinder in Erfahrung bringen. Dann kann bei jedem Gast das eigene Sternzeichensymbol als Tischkärtchen stehen.

Geburtstagstisch

Dekorieren Sie den Platz des Geburtstagskindes besonders liebevoll mit Blumen, Kerzen und einem außergewöhnlich schönen Gedeck. Vielleicht darf es an »seinem« Tag sogar eine selbst gebastelte Krone aus Goldfolie und/oder eine Kette mit einem glitzernden Papiermedaillon tragen.

Spiele zur Geburtstagsparty

Ringlein, Ringlein, du musst wandern (3-6 Jahre)

Die Kinder sitzen im Kreis und halten die Hände eng aneinander gelegt auf dem Schoß. Ein Kind setzt sich in die Mitte des Kreises. Ein zweites Kind bekommt einen Ring, den es zwischen seinen zusammengelegten Handflächen hält. Es geht nun von einem Kind zum anderen und öffnet dabei dessen Hände ganz leicht mit seinen zusammenlegten Händen, während alle Kinder singen: «Ringlein, Ringlein, du musst wandern, von dem einen Ort zum andern. Das ist hübsch, das ist schön, Ringlein, lass dich ja nicht sehn!« Am Ende der Strophe muss das Kind seinen Ring unauffällig in die Hände eines der Kinder abgelegt haben. Das Kind, das in der Mitte des Kreises sitzt, muss nun raten, welches Kind den Ring gerade hat. Rät es richtig, muss das Kind mit dem Ring in den Kreis. Rät es falsch, muss es noch eine Runde im Kreis bleiben.

Wetthinken (5-8 Jahre)

Die Kinder stellen sich in einer Reihe auf, in einiger Entfernung wird ein Seil als Ziellinie ausgelegt. Auf ein Zeichen fasst jedes Kind einen Fuß mit der Hand und hüpft ans Ziel. Wer seinen Fuß beim Wetthinken loslässt, scheidet aus.

Bürste suchen (3-8 Jahre)

Alle Kinder stehen dicht nebeneinander im Kreis. Ein Kind wird ausgesucht, das sich in die Mitte des Kreises stellt. Die anderen Kinder nehmen die Hände auf den Rücken und geben heimlich eine Bürste herum. Das Kind in der Mitte soll nun herausfinden, wo sich die Bürste gerade befindet. Während es an den Kindern entlang geht, versucht das Kind, bei dem die Bürste gerade ist, das Kind im Kreis so zu bürsten, dass, wenn es sich umdreht, die Bürste schon weiter gewandert ist. Findet das Kind im Kreis die Bürste, muss das Kind, das die Bürste gerade hatte, in den Kreis.

Reise nach Jerusalem (3-8 Jahre)

Sie brauchen einen Stuhl oder ein Kissen weniger als Kinder mitspielen. Die Stühle werden Lehne an Lehne in zwei Reihen aufgestellt, die Kissen in zwei Reihen nebeneinander gelegt. Jetzt stellen Sie Musik an, und alle Kinder laufen im Gänsemarsch um die Stühle herum. Sobald die Musik aufhört, müssen sich die Kinder hinsetzen. Wer keinen Stuhl oder kein Kissen erwischt, scheidet aus. Dann wird ein Stuhl beiseite gestellt und das Spiel geht weiter. Wer zuletzt übrig bleibt, ist Sieger.

Mehl schneiden (4–8 Jahre)

Häufen Sie auf einem Teller reichlich Mehl auf und stecken Sie eine große Münze oder einen großen Fruchtgummibären in die Mitte. Die Kinder schneiden nun reihum mit einem Messer etwas von dem Mehlberg ab. Der Spieler, bei dem die Münze oder der Gummibär umfällt, muss den Gegenstand mit dem Mund aus dem Mehlberg holen.

Teekesselchen (6–8 Jahre)

Das Teekesselchen ist ein Wort mit zwei oder mehreren Bedeutungen, etwa Schloss (Türschloss, Gebäude), Birne (Frucht und Glühbirne), Bank (Geldinstitut, Bank zum Sitzen). Zwei Kinder gehen vor die Tür und wählen ein solches Wort aus, wobei jedes Kind eine der beiden Bedeutungen übernimmt. Dann kommen sie zurück ins Zimmer und versuchen, die Eigenschaften ihres Gegenstandes zu beschreiben. Statt des besagten Wortes sagen sie jedoch immer »Teekesselchen«, etwa: »Mein Teekesselchen hat viele Räume«, oder: »In mein Teekesselchen passt nur ein Schlüssel«. Die anderen Kinder müssen raten, was mit dem Teekesselchen gemeint ist.

Gedächtnisspiel (3–8 Jahre)

Legen Sie viele verschiedene Gegenstände auf ein Tablett. Die Kinder dürfen sich das Tablett mit den Gegenständen etwa eine Minute lang betrachten, dann decken Sie ein Tuch darüber. Die Kinder sollen nun aus dem Gedächtnis aufschreiben oder sagen, was sie auf dem Tablett gesehen haben. Wer am meisten Gegenstände nennen kann, ist Sieger.

Tiere zeichnen (4–8 Jahre)

Alle Kinder sitzen im Kreis und bekommen je ein Blatt Papier und einen Stift. Jeder denkt sich ein Tier aus und zeichnet den Kopf des Tieres. Dann wird das Blatt zusammengefaltet und an den linken Nachbarn abgegeben. Der zeichnet den Hals, faltet das Blatt zusammen und reicht es an seinen linken Nachbar weiter. So werden nacheinander die Vorderbeine mit dem Rumpf, die Hinterbeine und zuletzt der Schwanz gezeichnet. Zum Schluss faltet jeder ein Blatt auseinander und bestaunt die entstandenen Monster.

Pfänder auslösen (3–8 Jahre)

Sie sammeln alle abgegebenen Pfänder in einer Kiste. Einem Kind werden die Augen verbunden, die anderen Kinder sitzen im Halbkreis um Sie herum. Sie heben ein Pfand hoch und fragen: »Was soll das Pfand in meiner Hand?« Das Kind, dem die Augen verbunden wurden, darf sich eine Aufgabe ausdenken, etwa Hüpfen wie ein Frosch, ein Gedicht aufsagen, ein Lied singen oder etwas ähnliches. Diese Aufgabe muss das Kind, dem das Pfand gehört, erfüllen, dann bekommt es sein Pfand zurück.

Impressum

Die Deutsche Bibliothek – CIP-Einheitsaufnahme

Ein Titeldatensatz für diese Publikation ist bei Der Deutschen Bibliothek erhältlich.

Augustus Verlag München 2000

Redaktion: Christine Renz
Projektleitung: Michaela Zelfel
Gestaltung: Ludwig Kaiser, München
Layout: H3A GmbH, München
Umschlagfoto und Foodfotos: Odette Teubner, Füssen
Freisteller: Fotostudio Schmitz, München, und Verlagsarchiv
Foto S. 5: Klaus Lipa
Druck und Bindung: Offizin Andersen Nexö, Leipzig

Printed in Germany

ISBN 3-8043-6013-0

Gedruckt auf elementar chlorfrei gebleichtem Papier

Rezepteregister

Apfel-Birnen-Saft 50

Bananen-Kokos-Flip 57
Barbietorte 86
Baumbrot 52
Beerenschichtspeise 30
Birnen-Streusel-Kuchen 42
Blechkuchen, Pikanter 79
Bratäpfel mit Vanillesauce 78

Drache, Süßer 62
Drachensuppe, Rotgrüne 64

Eisclown, Bunter 85

Fladenbrotpizza 25
Folienkartoffeln, Gefüllte 43
Fruchtsalat, Bunter 42
Frühlingszwiebeltarte 32

Gemüse mit Knusperkruste 66
Gemüseknabberspaß 39
Gemüsetortilla 72
Grillfladen 46

Hähnchenkeulen 44
Hähnchensandwiches 40
Heidelbeermuffins 50

Joghurt-Kräuter-Dip 39

Käfertorte 24
Kalbsschnitzel, Gefüllte 58
Kartoffel-Kürbis-Suppe 60
Kartoffelsalat, Bunter 44
Käseschnecken, Schnelle 79
Knallbonbons, Süße 11
Knusperwürstchen 90
Kokosmakronen 70

Lebkuchenstiefel 76

Maiskolben, Gegrillte 53
Marzipaneulen 15
Mäuse-Traumcreme 85
Melonenschiffe 19
Minikrapfen 10
Mohrenköpfe 38

Nudelsalat »Kunterbunt« 12

Orangencreme 70

Pfirsich-Zitronen-Tee, Heißer 63
Piratenrum 21

Radieschenmäuse 26
Rallyetorte 84
Räuberspieße 22

Schatzbrötchen 20
Schatzkarte, Süße 18
Schnitzel, Weißrote 72
Schoko-Nuss-Kuchen 56
Schokotrunk mit Haube 76

Tatzelwurm, Süßer 30
Tigertorte 36
Toastecken, Bunte 88
Toastecken mit Quark-Käse-Creme 88
Tomaten mit Käsefüllung 33
Tropic-Flip 38

Waldmeisterbowle 25
Wunschpunsch 15

Zauberstäbe, Pikante 14
Zucchinischnitten 59

Deko

Blätterraupe 54
Blumenwiese 27

Flugdrachen in weißen Wölkchen 67

Geburtstagskind überall 91
Geburtstagstisch 91
Geschenksäckchen 54
Grasgirlanden 27
Gruselkürbisse & Gespenster 61

Herbstpracht, Bunte 54

Inselstimmung 23

Konfettiballons 16

Lampionkette 47
Libellen, Bunte 34

Marzipanschneemänner 74

Paradiesvögel, Bunte 16
Piratenwelt 23

Rollenschlangen 16

Schmetterlinge, Bunte 34
Schnee-Glitzer-Kugeln 74
Sternzeichenkarten 91
Stiefel, Duft & Kerzenschein 81

Urwald & wilde Tiere 41

Watteflöckchen am Sternenhimmel 74
Wattetierchen 34
Würste, Falsche & echte 47

Einladungskarten

Apfelgrüße 34

Brezelkarten 47

Drachenkarten 67

Eiskristalle 74
Erntedank, Erinnerung an 54

Fotogrüße 91

Käferkarten 27

Laubkarten, Herbstliche 54
Lebkuchenfreude 81
Luftballons, Bunte 91

Nikolausstiefel 81

…ürbisse 61
…rschneemänner 74
…piertiere 41
…appwürste 47
Piratenkarten 23

Raupenkarten 34

Schlitten 74
Schneezweige 74

Tannenbäume 16
Tiermasken, Bunte 16

Überraschung, Süße 41

Zahlenmagie 91
Zierkürbisse 61

Spiele

Alle Vögel fliegen hoch! 27
Apfel fangen 41

Berufe raten 75
Blätter raten 61
Blätterreise 67
Brezeln schnappen 47
Bürste suchen 92

Dosen-Geheimnisse 35
Drachen basteln 67
Drei Fragen hinter der Tür 17

Gedächtnisspiel 93
Geländerallye 55
Gespensterjagd 61
Grill-Angelspiel 47
Grillschürzen basteln 47

Hänschen, piep einmal! 35

Kastanien werfen 55
Koffer packen 67

Mehl schneiden 93

Pfänder auslösen 75, 93
Preise raten 55

Reise nach Jerusalem 92
Ringlein, Ringlein, du musst wandern 92
Rote Kirschen ess' ich gern 35

Sackhüpfen 55
Schatzsuche 23
Schiffe versenken 23
Schneeflocken tragen 75
Schneemann bauen 75
Schokolade auspacken 81
Stille Post 17
Storch und Frösche 27

Tauziehen 61
Teekesselchen 93
Teller drehen 67
Testament machen 75
Tiere raten 35
Tiere zeichnen 93
Tierzauber 17
Topfschlagen 75

Was ist in der Kiste? 47
Watte blasen 41
Welches Bild ist am schönsten? 55
Wetthinken 92
Wörter bilden 41
Wo ist Schneewittchen? 17

Zungenbrecher 81